PENDANT LES GIBOULÉES

STATIONS

D'UN ÉTRANGER HUMORISTE

AU

SALON DES BEAUX-ARTS

DE PAU.

Par M. Henry d'André.

PAU,

IMPRIMERIE ET LITHOGRAPHIE DE E. VIGNANCOUR.

STATIONS

D'UN ÉTRANGER HUMORISTE

AU

SALON DES BEAUX-ARTS

DE PAU.

~~~~~~~~~~~~~~~~~~

Sur le seuil de l'Exposition.

Pourquoi tout diamant a sa paille et tout
tableau son ombre ; — et pourquoi tout
ne saurait venir immédiatement à souhait
sur le meilleur des terrains possibles.

—

FAISONS-NOUS précéder d'un brin de philosophie,
avant d'entrer. Elle est partout bien reçue, quand
elle n'est pas trop pédante, et explique bien des
choses.

Qui ne se souvient de l'admirable et profonde dis-
sertation du Père Lacordaire à propos de l'interrogation du serpent dans le Paradis terrestre.

Ne vous alarmez pas, cher lecteur, en nous
~~~~~~~~~~~~~~~~~~

voyant ainsi remonter jusqu'à la Genèse ; nous passerons bien vite au déluge.

Du colloque entre la première femme et le tentateur, — nous n'évoquons pas ce souvenir à d'autres fins, — est venu le principe de toute curiosité humaine, curiosité qui avait pris d'abord sa source dans une idée de révolte et dont les conséquences ont été si merveilleuses plus tard, en conduisant l'homme à chercher le lien mystérieux qui rattache les effets aux causes.

Felix qui potuit rerum cognoscere causas.

Ainsi chaque énigme, chaque problème nouveau, chaque accident imprévu ramène, à son tour, sur nos lèvres la formule variable de l'éternel pourquoi. — Pourquoi ceci ? Pourquoi cela ? Pourquoi.... Nous arriverons bien certainement à ce que nous voulons dire, si nous entamons l'inépuisable litanie des pourquoi.

Pourquoi le culte des Beaux-Arts ne va-t-il pas grandissant toujours, en raison du progrès de la civilisation, de l'adoucissement des mœurs et des découvertes de chaque siècle ? — Pourquoi, sur deux mille ans qu'a vécu l'antiquité païenne, compte-t-on seulement deux phases éclatantes de gloire littéraire et artistique, le siècle de Periclès et le siècle d'Auguste, précédés et suivis, l'un et l'autre, d'une longue période d'obscurcissement ? — Pourquoi un intervalle de deux cents ans sépare-t-il l'époque de la Renaissance de l'époque de Louis XIV ? —

Pourquoi rien que ces deux points lumineux durant dix-huit siècles? Pourquoi cette intermittence de sève productrice aussi bien depuis l'ère chrétienne que sous le régime de la mythologie et de la théogonie antique?

Et pourquoi aussi, dira l'astronome, pourquoi le soleil, ce foyer lumineux par excellence, a-t-il son midi et son déclin, son apogée et son périgée? Pourquoi encore, dira le géomètre, est-il presque impossible de tracer au hasard une courbe quelconque sur le papier, sans qu'elle ait un ou plusieurs points maximum et minimum?...

Mais descendons de ces généralités et parlons un peu de notre chère cité béarnaise.

Pourquoi la vieille capitale, où s'épanouit au temps de son autonomie, la cour la plus élégante et la plus policée, où fleurirent les plus fervents initiés aux secrets de la « gaye » science, où se succédèrent tant de délicats appréciateurs du génie artistique, pourquoi les descendants de ces générations enthousiastes, peu soucieux de perpétuer le souvenir de Gaston Phébus et de la *Marguerite des Marguerites*, ont-ils laissé éteindre le feu sacré et pourquoi a-t-il fallu qu'un étranger vînt le rallumer? Pourquoi enfin la création à Pau d'une société de Mécènes, se donnant pour haute mission de protéger, d'encourager les jeunes talents surtout, sans négliger d'attirer par de belles primes les maîtres eux-mêmes dans l'art de la peinture et de la sculpture, et tendant à former ainsi un lien de confraternité artistique entre tous les membres de cette société, étrangers ou indigènes, — pourquoi cette inspiration aussi noble qu'élevée n'a-t-elle été qu'à demi comprise ?

D'où vient qu'une idée aussi heureuse et aussi parfaitement appropriée au milieu où elle fut jetée il y a cinq ans, a tant de peine à s'acclimater et à prendre les développements que semblait promettre sa première expansion ?..

Pourquoi faut-il que le vil métal soit encore et toujours le principe fécondant du labeur artistique ? Pourquoi ?... — Et pourquoi aussi le germe de l'arbre qui doit devenir le géant des forêts, a-t-il besoin, pour grandir, de la rosée argentée des nuits et de la rosée d'or du soleil ?...

Pourquoi ? — Toujours pourquoi ? — Nous irions bien loin, maintenant que nous sommes en veine d'interrogation, si nous voulions suivre jusqu'au bout la filière de nos idées. C'est l'histoire de la légende populaire.

Et cependant, combien il est souvent utile d'avoir la clé de certaines anomalies qui nous frappent.

Dans un ordre de considérations purement locales, veut-on savoir, par exemple, la véritable cause du peu d'enthousiasme qu'a provoqué l'ouverture du *Salon béarnais*, sous les auspices d'un homme aussi intelligent que passionné pour les œuvres d'art ?

Ce n'est pas à coup sûr que la cité des gaves soit devenue réfractaire au sentiment de la poésie, qu'on la nomme harmonie, peinture ou sculpture, ni qu'elle en méconnaisse l'influence moralisatrice ;

ce n'est point faute de comprendre combien la ville de Pau est intéressée à devenir le siége d'une exposition de premier ordre, et plus tard peut-être,—qui sait ? — d'une école de peinture célèbre, comme Rome, Venise, Florence, Séville ou Paris. Ce n'est point que le goût pour les bonnes et belles choses soit plus blasé qu'autrefois, chez la plupart de nos grands seigneurs et de nos notables étrangers ou béarnais ; ni que leur jugement soit faussé ou leurs traditions oblitérées.

C'est un peu parce que le dieu Baal absorbe aujourd'hui la meilleure part des adorations de nos contemporains et que la charité est obligée de se faire le plus souvent humble et ingénieuse pour leur ravir son tribut ; — c'est beaucoup aussi parce que la décentralisation littéraire et artistique n'est pas encore faite et qu'on n'a qu'une confiance limitée dans le succès et dans le rayonnement d'une exhibition provinciale; c'est encore parce que les peintres savent imparfaitement sous les yeux de quelles notabilités de la haute vie passeront leurs toiles ; quelles chances elles auront d'être examinées et étudiées avec calme et recueillement, — chose rare et quasi impossible dans un cercle tourbillonnant comme Paris ; — c'est enfin, et cette raison domine toutes les autres, parce qu'il faut toujours du temps et des éléments favorables pour que tout plant s'élève, pour que tout fruit mûrisse.

Quels sont donc les conseils à donner, quelles sont

les mesures à prendre, pour assurer la prospérité de la Société des Amis-des-Arts ?

Nous pensons, à cet égard, qu'il faut encore plus se garder d'une impatience exagérée que d'une inertie absolue. Tout doit se borner à améliorer les conditions d'existence dans lesquelles s'est développée jusqu'ici l'association philotechnique dont l'avenir nous préoccupe à bon droit; à la prémunir contre les accidents, peu probables, qui pourraient la menacer, — et, pour tout résumer en un seul mot, à la laisser vivre. — Si le germe est chêne, il s'élèvera aux plus hautes proportions et poussera de profondes racines; si c'est un arbuste, il périra étouffé et n'abritera personne de son ombre. Mais, tout fait supposer que l'institution créée à Pau par l'initiative de M. Le Cœur réunit toutes les conditions de vitalité et de haute prospérité réalisera les espérances qu'on a fondées sur elle.

En ce qui concerne le chapitre des améliorations, les administrateurs n'ont rien négligé. On a ménagé, par deux larges baies dans le plafond, l'accès à ce jour pur du ciel méridional, qui fait tant valoir les teintes chaudes; on a ouvert une porte aux promeneurs qui circulent sur le boulevard du midi et qui pourront, comme nous, prendre l'habitude d'aller chercher un abri au salon contre les giboulées printanières.

On a embelli d'arbustes les escaliers qui montent à ce sanctuaire de l'art; et pour tout ce qui concerne la publicité, la sollicitation des artistes célèbres, la préparation des locaux, l'installation des toiles, la vente des tableaux, le zèle rare du nouveau secrétaire, M. Belin, a fait le reste.— *E semprè bene.*

Un des plus heureux résultats du percement d'une ouverture sur le mur du midi, a été de donner au Salon, pour vestibule, le Musée de la ville. On y arrive du boulevard par une pente douce.

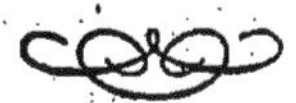

Synthèse rapide du Musée de Pau.

Beaucoup s'arrêtent distraits ou passent indifférents dans ce vestibule, qui n'est encore assurément qu'une miniature du musée de l'avenir, mais où cependant l'intérêt historique ne manque pas et compense largement l'absence ou la rareté de toiles signées de grands noms.

Voici tout d'abord deux œuvres, dont l'une a fait époque, et qui commandent également l'attention : *La naissance d'Henri IV*, par Eugène Devéria, et l'*Assassinat de Henri III*, par Merle.

Le tableau de Devéria est plutôt une reproduction qu'une copie, de l'original qu'on peut voir au musée du Luxembourg, à Paris. Il fut exécuté, par l'auteur lui-même, dans l'enivrement d'un succès dont la vie des artistes modernes offre bien peu d'exemples. C'est une des premières et des plus belles pages de cette renaissance de 1830, dont notre Devéria,— nous disons *notre*, car si nous ne pouvons revendiquer son berceau, nous possédons du moins ses cendres, — fut l'un des plus vaillants promoteurs. L'apparition presque simultanée de ce tableau et du *Mazeppa* de Louis Boulanger marqua le moment décisif de l'émancipation de l'école romantique ; et, comme la représentation d'Hernani avait entraîné la défaite des classiques littéraires, cet éclatant succès dérouta les plus fanatiques croyants aux traditions de la vieille Académie ; des deux côtés la bataille fut gagnée et amena une révolution dans l'esthétique. EUGÈNE DELACROIX, qui prit depuis une si large place dans l'histoire de l'art contemporain, mit plus de vingt ans à conquérir ce que Devéria, jeune élève de la veille, obtint de prime saut. Le *Béarnais* lui avait porté bonheur, et il se trouva un instant à la tête de la nouvelle école.

« C'était, dit Théophile Gauthier, dans ce style imagé et brillant, où la passion artistique éclate jusque dans la débauche de la couleur, — c'était le temps de la grande insurrection romantique : Eugène Devéria, qui, depuis s'était retiré de la lice et se consolait dans la religion d'un chagrin inconnu, arrivait jeune et superbe avec sa *Naissance de Henri IV* et se posait comme un Paul Véronèse français. Ary Scheffer, alors coloriste, précipitait les femmes du Souli du haut de leur rocher ; Louis Boulanger attachait Mazeppa au dos du cheval indompté ; E. Delacroix faisait mordre aux damnés les bords de la barque du Dante, Décamps lançait la patrouille turque à travers les rues de Smyrne ; Bonnington rayait les vitres de Chambord avec le diamant de François Ier ; Poterlet brossait ses chaudes esquisses ; Barye hérissait la crinière de son lion ; Préaul échevelait son beau groupe de la *Misère*. Il régnait dans

les esprits une effervescence dont on n'a pas idée
aujourd'hui : on était ivre de Shakspeare , de Gœthe,
de Byron ; de Walter Scott, auxquels on associait
les gloires naissantes de Lamartine, de Victor Hugo,
d'Alfred de Vigny, d'Alfred de Musset ; on parcou-
rait les galeries avec des gestes d'admiration fré-
nétique qui feraient bien rire la génération actuelle. »

La toile de Devéria , malgré ses incorrections de
dessin et ses poses exagérées, est une œuvre magistrale. Sa couleur splendide rappelle l'école véni-
tienne et nous dirons, après Gautier, que Paul
Véronese n'eût point dédaigné à coup sûr d'y mettre
son nom.

Par une singulière bizarrerie du sort, le modeste
musée de Pau possède la première et la dernière
page de l'œuvre du maître dont la mémoire sera
toujours chère aux nombreux amis que ses rares
qualités lui avaient conquis au milieu de nous. Aussi,
semble-t-il que ce musée devrait s'appeler Musée
Devéria, en souvenir de celui qui a tant contribué
à ce qu'on nous permettra d'appeler « la Renaissance
béarnaise. »

L'esquisse de *La présentation de Christophe Colomb
à la cour d'Isabelle après son retour d'Amérique*,
exécutée d'après son dernier grand tableau, prouve
d'une manière incontestable que Devéria avait con-
servé jusqu'au dernier moment les magiques pinceaux
qui lui servirent pour la naissance de Henri IV.

Un sentiment de fierté et d'intérêt patriotiques se
lie au portrait du maréchal Bosquet , du même au-

teur. L'effet de cette toile est d'une saisissante originalité. Il fait nuit ; le héros béarnais est assis dans
la tranchée ; l'éclat d'une bombe éclaire sa mâle
figure d'un reflet d'apothéose, tandis que le reste de
son corps se modèle dans une demi-teinte admirable de transparence.

Le catalogue porte encore sous le nom de Devéria
le portrait en pied de Marie Devéria, fille de l'auteur, et plusieurs autres toiles dues à la générosité
de notre célèbre peintre d'adoption.

L'*Assassinat d'Henri III* est d'une harmonieuse
couleur grise, trop sobre peut-être si on compare
cette toile au grand tableau de Devéria.

L'ensemble de la composition est vigoureux, bien
qu'on reproche à certaines figures, notamment à
celle d'Henri III, une expression un peu trop forcée.

Le cadavre de l'assassin, à demi noyé dans une
demi-teinte très-fine de ton, est le « bon morceau »
de l'auteur ; ce sont bien là les traces des contorsions
de l'agonie et comme la bouche grimace, à la façon
des possédés, des fanatiques ou des damnés. — Cette
tête est admirablement réussie. On remarquera sans
peine d'autres détails, et de charmants contrastes, sur
lesquels il serait hors de propos d'insister ici.

Un regard en passant au *Lesueur, chez les char-
treux* d'Elmerick, composition sage et sagement
peinte ; un autre, moins favorable, à la peinture de
Vaflard, *L'Abjuration d'Henri IV* ; un autre....

Mais n'oublions point que ceci n'est pas une analyse ;
seulement, ô vous qui entrez, ne laissez pas ina-

perçue, nous vous en conjurons, une petite toile, grande comme un mouchoir, qui est tout simplement un petit chef-d'œuvre : elle représente un pâtre gardant des moutons. L'auteur de ce bienheureux tableau est un allemand, un exposant des dernières années. Ce qui prouve, entre parenthèses, que « CECI fera grandir CELA. »

Un salut en passant à une vieille et sympathique connaissance : *Les bords du Rhin*, par M. le comte Alfred de Bylandt.

En voilà assez pour le flaneur; le chercheur émérite, l'archéologue, épluchera la collection et trouvera encore des motifs d'admiration ou de critique judicieuse. Nous lui signalerons entr'autres les œuvres de Barbier et de Desjardins, la première représentant l'intérieur de l'église St-Etienne du Mont, et la seconde une vue des bords du Thorion : ces deux toiles sont l'œuvre de coloristes.

Nous recommandons encore à l'attention des visiteurs le tableau N° 57, représentant une jeune bachante dont le torse est admirablement modelé, etc., etc.

Projet de classification et indication de quelques points de repère.

Pour beaucoup de personnes, un musée ou une exposition est un fouillis incohérent, un monde inconnu dans lequel on se perd et où l'on ne parvient qu'avec peine à s'orienter. Chaque panneau fourmille de cadres de petite dimension qui le font ressembler, à une mosaïque aux pièces disparates, capables de défier souvent toutes les investigations.

Cette expérience fatiguante, et fertile en tâtonnements, que beaucoup d'amateurs ont dû faire, comme nous, nous a conduit à grouper les toiles par catégories et à imaginer un système conventionnel d'indications pour retrouver sûrement leur place. Puisqu'il est convenu que le *désordre est un effet de l'art*, cette passion subite et peu vraisemblable pour l'ordre méthodique semblera à plusieurs le critérium d'une âme anti-poétique ; mais, en revanche, notre classement, — qui n'a rien d'absolu, est-il besoin de le dire?—rendra quelque service à beaucoup d'autres, c'est pourquoi nous l'avons adopté quand même.

Heureusement la classification des tableaux n'est pas autant susceptible de fantaisie que celle des espèces botaniques ; nous nous en tiendrons du reste à la vieille et classique méthode et diviserons notre étude en neuf sections... ou stations, puisque stations il y a :

1º Tableaux d'histoire. — Sujets religieux. — Allégories.
2º Tableaux de genre.
3º Portraits.
4º Paysages.
5º Natures mortes.
6º Aquarelles. — Pastels.
7º Photographies. — Dessins en général.
8º Sculpture.

9° Vitraux, Faïences, etc.

De plus, nous accompagnerons le numéro de chaque cadre d'une légende explicative, composée de deux lettres et d'un chiffre. Quant aux lettres, rien de plus élémentaire, ce sont tout simplement des initiales : les unes, S, S*, S**, désignent respectivement le grand salon, le premier et le deuxième petit salon, les autres, N. E. S. O. indiquent d'après leur position, au Nord, à l'Est, au Sud et à l'Ouest, les murs auxquels sont accrochés les divers tableaux. Quant au chiffre, nous croyons bien qu'il est de notre invention, mais nous ne voudrions pas garantir qu'il vaille mieux pour cela ; voici au surplus en quoi consiste cette combinaison *ingénieuse*.

Nous divisons *par la pensée*, et un peu arbitrairement cela va sans dire, chaque paroi en deux, trois, quatre, et jusqu'à cinq pans verticaux, suivant sa largeur. Les chiffres 1, 2, 3, 4, 5, s'appliquent successivement à chacune de ces bandes, comptées à partir de la porte d'entrée de chaque pièce, en tournant toujours de droite à gauche... comme au whist. D'où il ne faut pas inférer que le silence soit de rigueur, au contraire ; on entend souvent ainsi de curieux commentaires.

Par application de la notation ci-dessus nous dirons par exemple que le tableau 177, de M. Ernest Guillaume, portant la légende (S** E — 2) se trouve dans le deuxième petit salon et sur le mur Est dans la deuxième partie de sa surface. Ainsi de suite pour les autres (1).

La première figure qui frappe les regards à l'entrée de l'escalier, est le buste de Cobden par M. Megret. Chacun, sans distinction de nationalité, qu'il soit russe, anglais, américain, allemand, italien, danois, hollandais ou français ; chacun est heureux de saluer en lui un visage ami. Jamais dieu, ni demi-dieu, plus propice ne figura sous le portique d'un temple. Autrefois, les romains plaçaient dans l'atrium la statue de leur divinité tutélaire : c'est probablement à ce titre qu'on a installé ici l'apôtre de la paix universelle. Cette tête sereine, ces lèvres puissantes et fermement modelées, ce front dont les méplats dénotent la profondeur de la pensée comme le regard accuse la générosité du

-----

(1) Voici au surplus, pour ceux à qui l'orientation des salles de l'exposition ne serait point familière, des précisions qui leur permettront de se reconnaître aisément...

Dans le grand salon, le mur auquel tient la porte d'entrée est le mur à l'Est ; le mur qui fait face aux croisées est au Nord ; celui qui est opposé à la porte se trouve à l'Ouest ; enfin, l'autre est naturellement au Sud.

Dans le premier petit salon, l'orientation est différente : Nord, mur de la porte d'entrée ; Est, mur opposé à la porte du deuxième salon ; Sud, mur de la croisée ; Ouest, cloison séparative du deuxième salon.

Dans cette dernière pièce, la cloison se trouve à l'Est, le mur de la croisée, au Sud ; le parement opposé à la cloison à l'Ouest, et l'autre vis-à-vis de la fenêtre, au Nord.

cœur; tout cela respire, tout cela semble parler à chaque visiteur dans sa langue, et murmurer à son oreille quelque phrase de salutation fraternelle, comme celle-ci par exemple, dont Alighieri nous prêtera le moule en nous permettant de la refondre :

Lasciate ogni discordia, voi che intrate.

Ce buste de M. Megret est réellement une belle œuvre, où la pureté du galbe antique s'allie à la beauté majestueuse de l'expression.

Montons encore quelques marches : nous voici enfin, après des écarts qui sentent l'école buissonnière et justifieront amplement, croyons-nous, notre titre humoristique, nous voici sur le palier qui conduit aux trois salons.

Nous est-il défendu comme à Orphée de jeter un regard en arrière ?.....

Comment voir autrement les deux remarquables verrières exposées par M. Maumejean devant la fenêtre qui éclaire la cage de l'escalier ? Où peut-on être mieux, à vrai dire, quand on est de la famille des vitraux, qu'à cette place lumineuse ?... Cette exhibition sollicite un coup-d'œil. Accordons-le lui libéralement, et donnons acte de notre premier satisfecit en attendant que l'ordre de notre travail nous amène à discuter, avec quelque détail, l'œuvre sortie des ateliers de M. Maumejean.

III.

Tableaux d'histoire — Sujets religieux. — Allégories.

Les grandes toiles historiques et religieuses deviennent plus rares de jour en jour. — On sait pourquoi.

D'abord, les proportions épiques ne s'adaptent guère à la mesure des caractères modernes ; les génies à envergure d'aigle, les âmes tourmentées par la soif de l'idéal, comme Fra-Angelico, Bartholomé, Raphael, Michel-Ange ou Ingres, ne trouvent plus un milieu favorable à l'abstraction.

Leur force créatrice se divise, se matérialise, et n'enfante que des œuvres où la grâce, l'élégance, l'exactitude, la perfection du détail, et aussi un je ne sais quoi de songeur ou d'étrange, remplacent le céleste rayonnement, la mâle et sereine beauté, qui restent seulement l'apanage des compositions magistrales.

Il faut bien d'ailleurs s'y résigner.

L'exiguité de nos habitations et le morcellement des fortunes exigent que le prix et la dimension des objets d'art cadrent à nos convenances. C'est ainsi qu'aujourd'hui on se taillerait cinquante tableaux de genre dans une seule des toiles brossées par Rubens, Paul Véronèse, Vernet ou Delacroix.

Quant à la peinture religieuse, elle fait naître encore quelques ferventes et admirables vocations artistiques, comme celle d'Hippolite Flandrin ; mais les grandes décorations murales de nos églises tendent à absorber tous les loisirs des peintres voués à la culture de cette branche sacrée de l'art.

Quoi d'étonnant, après cela, que notre première catégorie brille par son absence ? — Et pourtant ce n'est pas sans regret que nous constatons une telle lacune dans notre exposition. Car à notre avis, ce sont les tableaux historiques qui auraient surtout le pouvoir d'intéresser et de passionner nos hôtes d'hiver, si l'on s'attachait à reproduire des scènes de leur pays et de leur histoire nationale.

S'il était vrai que certains artistes n'eûssent besoin que d'un prétexte pour aborder la grande peinture, il serait peut-être bon de leur rappeler que Pau renferme en ce moment plus de soixante-dix familles russes, dont les revenus ensemble dépassent assurément cinquante millions, et qui n'hésiteraient pas à couvrir d'or une toile splendide, représentant quelque épisode de leurs annales du temps passé ou de l'époque contemporaine. Qu'on nous permette d'indiquer, par exemple, dans cet ordre d'idées, les funérailles nocturnes du jeune Czarrewitch à Nice ; puis la translation du cercueil à bord de l'*Alexandre-Newski*, dans la baie de Villefranche, un des spectacles les plus grandioses et les plus émouvants qu'on puisse imaginer... Mais ce n'est pas le moment de nous étendre ici ; nous dirons peut-être, dans un appendice, comment nous concevrions la composition de cette scène dont nous avons été personnellement témoin.

Il y a encore dans notre colonie d'opulentes familles anglaises et américaines. Pourquoi les peintres d'histoire ne travailleraient-ils pas expressément à *leur intention* ? Ce serait un attrait de plus pour les personnages du high-life qui se tiennent encore à l'écart de notre association philotechnique, un moyen de fixer leur curiosité d'abord et de les prendre ensuite par les sentiments, — qu'on nous passe la tournure familière de cette expression en faveur des sentiments mêmes auxquels nous faisons allusion, et qui ne sauraient convenir qu'aux plus nobles organisations.

En définitive, que glanerons-nous, de ci et de là, pour remplir la place des toiles historiques? Sera-ce le tableau de M. Armand Dumaresq (S.-N.-2) intitulé l'*Hospitalier volontaire* ? — Un hospitalier volontaire ! Beaucoup ignorent ce que c'est, et il n'est pas inutile d'expliquer en passant que le peintre a voulu désigner par là, un membre de la « Société internationale de secours aux blessés sur les champs de bataille », dont le siège est à Genève.

La pensée est grande, mais l'exécution manque trop d'idéal pour faire supposer que l'artiste ait voulu peindre quelque chose qui ressemble à un tableau d'histoire : c'est tout au plus un tableau de genre. Même ainsi classée, cette toile ne nous paraît pas à la hauteur du sujet. Ni la correction du dessin , ni la touche vigoureuse, ne rachète complètement, à nos yeux, la vulgarité des poses et des physionomies. Avec sa croix fédérale au bras, ce digne vieillard a tout l'air d'un garde champêtre. La tête du blessé est vraie et ne manque pas d'expression. Somme toute, ce n'est point là de la grande peinture, cherchons plus loin.

Le livret nous annonce, à la page 25, un « *Amour s'échappant des bras de Psyché.* » — Cette toile porte le N° 24 (S.-S.-2).

Un tel titre exhale un parfum archaïque de bon aloi. On croit déjà entrevoir une beauté grecque dont les formes empruntent un relief splendide à un effet de clair-obscur. Chacun arrange le reste de la scène, le fond et les accessoires, suivant le caprice de son imagination ; mais chacun aussi, il faut le croire, avec des intentions de style, et avec la volonté de fixer sur la toile un beau rêve poétique.

Le tableau de M. Bernard est pauvre de composition. Le corps de Psyché, dont la tête et les attaches sont d'un modelé assez remarquable, baigne dans la lumière sulfureuse qu'une traîtresse lampe romaine verse sans pitié autour d'elle. Le malin Cupidon est un petit dieu de bronze cuivré, dont la rigueur ne se comprend que trop. Un tel coloris nous semble impossible. — Cherchons encore, cherchons toujours... mais rien, rien hélas ! qui de près ou de loin ressemble à un tableau d'histoire.

Le N° 73 (S.-E.-3) est une allégorie qui a donné l'occasion au peintre, M. Cazals, Eusèbe, de poser

en un groupe circulaire, vingt-quatre jeunes femmes
dans les attitudes les plus diverses et les plus tourmentées ; ce sont les *Heures que fait tourner le Temps*.

Le *Temps*, maigre, refrogné, conduit le troupeau
féminin, avec sa faux, dans l'orbe éternel qu'a tracé
le destin. Tout cela ne dit pas grand chose et ne
dénote pas un grand effort d'invention, un juge
sévère y reprendrait vingt fautes de dessin ; la touche
ne manque ni de finesse ni de légèreté, mais la
pâte n'a aucune consistance.

Serons-nous plus heureux avec la peinture sacrée ?

Voici un motif de M. Alexandre Legrand, N° 214
(S*-E.-2), portant pour épigraphe : *Regina Cœli.*

L'ensemble de la composition est frais, harmonieux.
L'attitude de la Vierge et celle de l'Enfant-Jésus
sont naturelles et simples. Une expression divine se
peint dans les yeux de la mère du Sauveur. Nous
nous permettrons cependant une légère critique. La
bouche pincée, par un mouvement imperceptible
des lèvres, conviendrait mieux à une créature humaine ; cette contraction a quelque chose de forcé
dans la Vierge, chez qui le ravissement et le regard
extatique doivent se produire sans effort.

M. Legrand fuit les empâtements tant estimés de
l'école moderne. Si, d'un côté, ses personnages y
perdent en relief, ils y gagnent de l'autre en essence
éthérée, qualité éminemment propre au genre religieux.

Cette toile de petite dimension, et que son encadrement fait ressembler à un panneau byzantin, en saurait du reste, comporter un plus long commentaire.

La *Ste-Barbe*, de M. l'abbé Montaut, d'Oloron, N° 241 (S*-E.-2), est une copie d'après un grand tableau qui a figuré avec honneur, croyons-nous, à l'une des précédentes expositions..... La tête nous paraît traitée avec sentiment et une véritable délicatesse de touche. — Son *Christ ressuscité*, N° 242 (S*-E.-2) est un peu moins bien réussi.

Le numéro 326 de M. Antony Serres (S**-S-3), est aussi un tableau de sainteté; mais par les proportions du cadre autant que par le caractère général de l'œuvre, la *Nuit de Noël* semblerait plutôt appartenir à la catégorie des sujets de genre.

Bien que la scène de Bethléem constitue, pour ainsi dire, un cliché en peinture, et qu'il soit assez difficile de faire montre de quelque originalité dans un motif qui prête si peu à l'invention, M. Antony Serres a su éviter l'écueil des réminiscences qui devaient surgir involontairement dans son esprit. L'auteur a mis sa griffe dans un charmant effet de clair-obscur, rendu par un glacis très-transparent, et dans l'agencement du groupe, qui est d'un dessin très-vrai et offre une grande variété d'attitudes et de physionomies.

Là s'arrête l'exposition des tableaux religieux.

L'aridité vraiment désolante de ce chapitre fait que nous nous rejetons, en désespoir de cause, sur un sujet de morale qui semble imprégné tout entier, par le titre, par le style, par le coloris, d'une véri-

table poussière académique. — Certes il n'est pas
nécessaire de recourir au livret pour s'assurer que
M. Rouget est élève de David. Ses hommes ont un
torse athlétique, et une musculature qui fait penser
à nous ne savons quel héros de *La Belle Hélène*,
disant en manière de charge :

« J'ai du biceps ! J'ai du biceps. »

Le vieillard a une belle barbe vénérable, d'une
entière blancheur ; la mère de famille attire à elle
sa fille, dont la tête repose à demi sur le bras de
l'aïeul ; l'une et l'autre ont un regard placide avec
de robustes et plantureuses formes. — Et l'*Union* de
tous ces personnages *fait leur force*, symbolisée par
un faisceau que ne peut rompre, avec son genou,
une sorte d'Hercule.

Le torse et la tête du père sont, quoi qu'il en
soit, une belle étude. Pour le reconnaître il suffit,
en vérité, d'un peu d'ellectisme.

Nous voyons bien que si nous voulons franchir les
limbes de notre travail et entrer dans le cœur de
l'étude critique que nous avons entreprise, il nous
faudra sauter à pieds joints, et sans transition, à
notre deuxième catégorie, c'est-à-dire aux tableaux
de genre.

Tableaux de genre.

Ici le champ s'ouvre grand et vaste devant nous,
et les toiles de l'espèce présentent un assor-
timent des plus complets, depuis les scènes de

mœurs et de caractère, jusqu'aux motifs les plus légers et même les plus enfantins.

Nous aimons les compositions qui symbolisent et condensent dans une seule page, dans un groupe, et parfois dans l'attitude et la physionomie d'un seul personnage, toute une époque historique, tout un volume d'ethnographie ancienne ou moderne. Nous aimons à retrouver, sous l'étoffe du peintre, l'archéologue, le penseur et le poète. Nous nous arrêtons surtout devant les tableaux qni bercent la pensée à travers les âges, à travers les contrées bénies du ciel, d'où jaillirent les premières sources de tout enthousiasme, de toute poésie et de toute sève humaine.

La toile exposée par M. Emile Matzmacher est de celles qui nous font rêver longuement. Cette « *Femme bédouine de la tribu de Gawarhim de Riha* » nous reporte en imagination à l'un des plus poétiques récits de l'histoire sacrée. Cette simple note entre parenthèses : « Souvenir de Jéricho » a un pouvoir magique. On croit voir se dessiner dans le lointain la silhouette des murs de Jéricho qui doivent bientôt s'écrouler au son des trompettes, tandis que apparaissent dans la plaine les ombre illustres de Gédéon et de ses compagnons d'armes buvant l'eau du torrent dans le creux de leur main. — Pourtant l'on n'aperçoit rien de tout cela dans cette toile, d'un cachet essentiellement moderne.

Il n'y a là qu'une seule figure, une gardeuse de moutons, mais tout un monde de souvenirs, et les plus

fraiches comme les plus sublimes créations de la
poésie orientale, gravitent autour d'elle. — C'est
à la fois une évocation biblique et une parlante
image du fatalisme musulman. Merveilleusement
drapée dans sa tunique de couleur brune, cette
bédouine aux bras nus, aux poignets cerclés d'un
bracelet arabe, aux cheveux crépus, au teint
bistré, se dresse comme un spectre fatidique sur une
sorte de plate-forme qui s'avance au premier plan,
et qu'on dirait lui servir de piédestal. Son regard
fixe et profondément méditatif semble plonger dans
l'infini. La Pythonisse d'Endor devait avoir ce masque
sibyllin.

Tout est à l'avenant de ce motif singulièrement
attachant. — Paysage accidenté, sol brûlé par le soleil,
végétation rare et rabougrie, horizon de montagnes
coloré de teintes crépusculaires et rougi par les der-
niers feux du soleil d'Orient ; à droite, une série de
plans élevés et séparés par de brusques arrache-
ments ; à gauche, une colonne de fumée et la noire silhouette des tentes de la tribu ; sur le premier plan,
trois moutons d'un dessin habilement étudié, dont
la noire toison est en parfaite harmonie avec le ton
général du paysage : tels sont les détails de cette remarquable composition.

Toute la partie antérieure du tableau est d'une
touche grasse et d'une pâte solide. Le sol, les touffes
de bruyère qui rompent l'uniformité de ce fond bitu-
meux, les angles des déchirures de la terre cre-
vassée, tout est d'un relief saisissant, les moutons

surtout qui semblent sortir du cadre.

En somme, cette scène a un grand cachet et montre l'artiste sous un jour prestigieux. Pour nous, de telles compositions disent plus que bien des tableaux historiques. Ce qui fait leur grand charme, c'est que l'analyse n'en peut donner qu'une faible idée, et qu'il faut les voir pour sentir tout ce qu'elles renferment.

La *Ménagère* est un petit cadre d'un genre tout différent. C'est un peu réaliste ; mais la couleur en est bonne et vraie. Ces choux ont un aspect tout-à-fait réjouissant et cette bassinoire bossuée par l'usage, noircie par le feu, est d'une exactitude frappante.

Addio Theresa, N° 316 (S.-O.-3), est le titre d'une élégante composition de Mme Salles-Wagner, — composition fort remarquée, et dont l'effet serait encore plus pénétrant, si la manière de l'auteur était tout-à-fait exempte d'afféterie et de mignardise. Cette œuvre n'en contient pas moins des beautés de premier ordre.

La pose de la jeune fille est délicieuse de confiance amoureuse et d'abandon candide. Le cou tendu, par un mouvement de colombe enivrée, fait admirablement ressortir tous les linéaments, tous les contours de la tête et de ses attaches, modelées à ravir ; la gorge d'un galbe virginal semble respirer sous sa fine toile qu'ornent aux épaulettes deux bouts de faveur rose. — Un collier de perles, et d'autres fanfreluches, distribuées çà et là avec une profusion et une coquetterie un peu féminines, achèvent de parer cette adorable enfant, si propre, si délicate qu'elle semble en vérité sortir d'une boîte, comme une gentille petite fée qu'elle est.

Son costume d'Italienne, où la fantaisie domine, est reconnaissable au tablier de serge verte que portant les jeunes filles d'Albano, et à la double raie brochée à la manière des cachemires, qui cercle si gracieusement la jupe ; aucun détail n'a été oublié, ni les bretelles chinées qui relèvent à demi les deux faces de l'étoffe bleue et rouge, ni les sandales, ni le capulet blanc, ni le reste.

L'œil alangui, mais trop éteint peut-être, sa main droite dans la main de son fiancé, la blonde Thérésa reçoit ses tendres adieux.

Le jeune homme est habillé à peu près comme un paysan des hautes vallées du Piémont : gilet rouge, frac bleu foncé, manteau brun. La tête est *délicatement* travaillée, presque trop léchée ; la taille semble avoir été surélevée afin de mieux accentuer le contraste avec le corps un peu frêle de la jeune fille ; cette idée n'est pas des plus heureuses. Le bas du corps et les jambes de ce personnage tiennent trop de place et offusquent le regard. Nous n'aimons pas non plus ces yeux baissés, cet air confit et ce masque sans pli de l'amoureux garçon. — Sa main gauche est bien posée et finement modelée ; elle n'a rien à envier à celle d'un gentleman. Quant au chien, le mieux est de n'en point parler.

En dépit des critiques légères que nous nous sommes permis d'adresser à l'auteur, cette idylle en action, et à deux personnages, est pleine de grâce et de fraîcheur ; elle révèle une âme et une main d'artiste.

M. P. de Conninck a exposé un tableau d'un sentiment naïf, vrai, et qui brille surtout par de jolis détails : L'*Hymne à la Madone*. (Souvenir des pélerinages dans la campagne de Rome. N° 95 — S.-O. 4).

En face d'une chapelle dédiée à Marie s'élève un petit perron dont le mur porte cette inscription sur la face antérieure : « Viva Maria. E chi la creo. » Quatre jeunes filles, suivies de loin par leur mère, le chapelet passé dans leurs mains jointes, s'avancent dans une attitude de foi ingénue. On lit dans leurs yeux, et dans toute leur physionomie, l'expression d'une dévotion ardente à la Vierge miraculeuse.

Les figures des jeunes pèlerines sont très-heureusement variées. Les unes, vues de trois quarts, entr'ouvent leurs lèvres dans un épanouissement de joie béate ; les autres ont un profil plus sévère et d'une angélique pureté. Ce contraste est charmant. Nous regrettons que le peintre n'ait pas su éviter la raideur et la monotonie, que donne à la composition, ce groupe de silhouettes verticales, drapées d'une manière d'autant plus uniforme que le costume tombe forcément par plis carrés.

Le fond ne dépare point ce gracieux motif. A gauche, une échappée de vue sur un ciel dont la teinte délicate est habilement nuancée. A droite, sur un plan adjacent à celui de la chapelle, l'ombre d'un massif de forêt, à travers lequel apparaissent en perspective, sur un rayon d'éclaircie prolongée, quelques vieux arbres aux bras noueux.

L'ensemble du paysage est composé avec beaucoup de soin et de vérité. — Le coloris est malheureusement un peu terne et la touche maigre.

Le badigeonnage, d'un gris sale, qui recouvre la maçonnerie extérieure du sanctuaire rustique, produit une impression désagréable à l'œil. Ce n'est pas la seule fausse nuance qu'on pourrait noter, en y regardant bien. — Toutefois si l'on considère avec quelle vérité l'artiste a su rendre le sentiment religieux qui anime cette scène, on se croira autorisé à lui prédire un bel avenir, le jour où sa palette n'ayant plus de secrets pour lui, lui fournira les tons les plus propres à colorer son inspiration et sa pensée.

M. Patrois a un talent de miniaturiste qu'il applique à la peinture des scènes de l'époque Louis XIII comme a fait Meissonnier pour le siècle Louis XV. Ces deux artistes ont plus d'une analogie : ce qui distingue en effet leur manière, à un degré inégal de perfection, c'est la fidélité des costumes, l'exactitude des types, le fini des détails, l'éclat et l'harmonie de la couleur.

La nouvelle toile de M. Isidore Patrois a pour titre : « Nouvelles de l'armée. » — No 261 (S-O-3.)

Un soldat, assis sur un escabeau, raconte à deux de ses camarades, qui l'écoutent avec une attention mêlée d'un peu de fatuité insouciante, les épisodes de la campagne qu'il vient de faire, sous les ordres sans

doute de Rohan, de Schomberg, de Créqui ou de
Richelieu.

L'expression de ces personnages est très-vraie et
très-vivante. Dessin, touche, coloris rivalisent d'élégance et de finesse; costumes, perruques, buffleteries
tout est étudié avec un art qu'on ne saurait trop
admirer. Quels reflets merveilleux a posés l'artiste
sur ces bottes molles à entonnoir, pour indiquer les
plis et les cassures du cuir! — Et comme ces mains
sont finement travaillées, comme les veines bleues
transparaissent sous la peau! Comme, en un mot,
chaque détail est amoureusement caressé, par le pinceau du maître, sans tomber dans l'écueil du léché!

La paille de ce bijou, car il est bien convenu que
chacun a la sienne, c'est cette croisée, à chassis de
plomb, et peinte d'une image de madone, qui fait un
singulier effet, juste sur l'épaule gauche du conteur.
Le bord inférieur de cette croisée est placé de telle
façon que l'homme ne pourrait se lever sans décro-
cher le cadre.

M. Reynaud est un habile artiste et un mortel for-
tuné. — A peine ses toiles ont-elles touché la muraille qu'on se les arrache.

Son premier tableau « *La jeune fille à la cruche* »
était déjà vendu. Voici maintenant sa « jeune fille
au chaudron » dont l'heureux possesseur fait plus
d'un envieux.

Un des traits caractéristiques du génie de certains
écrivains, c'est le bonheur d'expressions; on pourrait dire de M. Reynaud que la forme la plus ori-

ginale de son talent consiste dans « un vrai bonheur d'attitudes. »

Une belle fille, grande, rougeaude et colorée par surcroît auprès du feu, qu'elle vient d'allumer au long d'un mur, se tient debout contre la paroi de ce foyer, improvisé, dans une pose à la fois compliquée et très-naturelle.

Sa tête s'est renversée en arrière comme pour céder à une habitude de nonchalance. Le regard tourné à gauche, par un effort qu'indique à merveille une légère torsion des nerfs du cou, elle semble observer les bouffées d'air chaud qui viennent caresser son visage, ou suivre de l'œil la colonne de fumée qui s'élève ou les progrès du feu qui pétille, ou peut-être encore s'abandonner à quelque rêverie creuse. Tandis que la pensée de la belle indolente flotte ainsi dans le vide, sa jambe gauche contre l'autre s'avance et fait arc-boutant à son corps menacé de perdre l'équilibre, par le poids du chaudron et par sa propre pesanteur.

La position des bras qui soutiennent le vulgaire ustensile de cuivre est fort bien trouvée et mérite une attention spéciale. C'est dans ce double mouvement du torse instinctivement rejeté en arrière, et des bras arrondis par une courbe gracieuse et tendus en sens contraire, que gît la grande et sérieuse origi-nalité de l'œuvre. Du reste, le modelé est fin, la touche large et vigoureuse. Toute cette peinture est chaude de couleur, étincelante de fraîcheur, de verve et de jeunesse.

Pourquoi l'artiste, n'a-t-il qu'ébauché le mur. Un simple frottis un peu grenu eut été suffisant pour rendre le crépi, tandis que ce fond a tout l'air d'une glace ou d'une paroi de stuc. Est-ce coquetterie de la part du peintre ? — Il faut le croire.

Le nº 289 du même auteur (S.-E. 4), « l'*Italienne à la fontaine* » n'est pas moins bien réussi.

La jeune fille est assise sur sa cruche, les bras croisés et accoudée sur ses genoux, les jambes légèrement ramenées en arrière, dans l'attitude vague du farniente, de la curiosité ou de l'attente.

L'opposition des tons, rouge et bleu, de la jupe de dessus et de la jupe de dessous, l'arrangement des plis, la fine silhouette de la jeune fille constituent réellement un ensemble de détails charmants. On remarquera aussi un délicieux effet d'ombre portée.

Le fond méritait d'être plus fini. Les deux femmes qui puisent de l'eau à la fontaine ont des formes trop indécises ; l'ombre vaporeuse qui les enveloppe ne se comprend guère.

Est-ce toujours de la coquetterie ?

En tout cas, personne ne saurait tenir rigueur à l'aimable artiste, que son succès de cette année ne peut qu'encorager à travailler pour notre salon à une œuvre qui le pose encore plus haut dans l'estime des amateurs.

La Nourrice de M. Moormans, nº 246 (S.-O.-2), est une petite toile d'une bonne et harmonieuse couleur grise, où se retrouvent quelques-unes des qualités caractéristiques de l'école flamande : le naturel, la grâce, la finesse, la vérité des types, des mouvements, des expressions. Cette jeune femme, occupée à donner le sein à son poupon, possède ce genre de beauté qui a tant d'attrait justement, parce que le type qu'elle représente relève plutôt de l'observation que de la *fantaisie*. On sent bien, dès le premier coup d'œil, que l'ensemble de cette modeste et gracieuse personnification appartient à une créature vivante. Beaucoup l'ont vue certainement quelque part et croient la reconnaître. — Le modelé du visage, les veines du cou, de la gorge sont détaillés avec beaucoup de charme. La pose de l'enfant, la courbe caressante des bras qui le retiennent, l'attitude penchée de la nourrice comme se souriant à elle-même, dans l'épanouissement du sentiment maternel propre à la lactation, tout cela est dessiné et touché de façon à faire la plus complète illusion.

Le n° 163, de Mlle Grandmaison (S.-O.-2), est une fraîche toile, d'un cachet tout moderne, ayant pour titre *La Liseuse*.

Qu'on se figure une jeune châtelaine en villégiature printanière, à demi renversée dans son fauteuil et absorbée dans la lecture du dernier roman de son auteur favori.

Quel est-il, ce romancier privilégié ? Nous ne saurions le dire, mais il y a gros à parier que ce n'est ni George Sand, ni About, ni surtout Gustave Flaubert. Car la physionomie de la dame n'a rien de flévreux ni de contracté. Admettons, si l'on veut, que ce soit Jules Sandeau ou Octave Feuillet.

En tout cas, l'expression de la figure est d'un sentiment vrai. Rien qu'une main de femme était capable de rendre, avec ce moelleux, toutes les délicatesses de la carnation, toutes les nuances de la toilette féminine. Les draperies, les plis de la robe sont étudiés avec un art infini; l'ombre et la lumière y forment les plus charmants effets. Il y a une foule d'autres détails fort jolis, trop jolis sans aucun doute. Le fond est blanc et rose; c'est un poétique paysage qu'on entrevoit à travers le balcon fleuri d'une croisée grand'ouverte, un cours d'eau limpide et bleu, dont la ligne transparente se perd dans le lointain entre deux rangées d'arbres au profil élyséen. — Nous soupçonnons fort l'artiste d'avoir mis ici son rêve à la place de la réalité. Il en résulte une sorte de fadeur répandue sur cet élégant motif.

Les chasseurs de Rats, n° 126 (S-O-4) sont tout simplement deux chiens de pure race, l'un griffon et l'autre ayant la structure et le pelage du compère renard. — Le premier, assis sur sa queue, a une robe grise ébouriffée, marquée de tâches noires, le second est couché à plat-ventre, son museau fauve en avant.

Nos deux camarades se tiennent à l'affut au milieu d'un grenier plein d'épis, qui forme un fouillis broussaillé, désordonné en diable. — Une troupe de rats grignote quelques grains et fêtus au premier plan. — Yeux intelligents, attitudes vraies,

signes de races le tout fidèlement rendu, tels sont
les caractères qui distinguent la peinture de M. Deros.

M. Jules Worms, est à coup sûr, un de ces artistes
intrépides qui, bravant la pluie et le soleil, armés
du sac et du bâton de voyage, s'en vont au loin
étudier la nature sur le fait. *Sa course de Novillos
dans la province de Valence* (S.-N.-3), est exacte
comme une photographie.

Excellente, à quelques détails près, comme nous
venons de dire, pour la vérité et aussi pour la variété
de la composition, la toile exposée par M. Worms
témoigne dans son ensemble du plus heureux esprit
d'observation et d'analyse. Si nous avions un reproche à faire à l'artiste, ce serait justement d'exagérer
cette qualité aux dépens de l'esthétique dont aucune
école, pour si réaliste qu'elle soit, ne saurait jamais
s'affranchir.

Après avoir loué presque sans réserve l'esquisse
de la scène, reproduite avec une remarquable légèreté
de pinceau, nous dirons que la couleur n'est pas aussi
irréprochable. Non pas qu'il n'y ait dans le nombre plusieurs personnages d'une touche moëlleuse et chaude,
comme par exemple ce gars bien découplé et posé
comme un lutteur antique, qui jette des pierres à la
tête du taureau.— Mais la couleur générale est mal
fondue ; les contrastes mal étudiés. Il en résulte un
défaut de perspective aérienne.

Ainsi, l'estrade recouverte de peaux de moutons,
où trônent l'alcade et son entourage, et surtout la
muraille du fond de la cour, ne sont pas repoussées

assez vigoureusement au-delà des groupes successifs qui forment les premiers plans.

Par suite, ces deux têtards d'érable, *aux cornes diaboliques*, plantés l'un au milieu et l'autre vers l'extrémité de l'arène à droite, mettent l'observateur dans un embarras non moins diabolique, pour assigner au groupe des *autorités locales* sa véritable place. On serait tenté de croire que ce digne alcade, flanqué de sa junte selon toute apparence, s'est perché comme un acrobate sur une poutrelle reposant entre les branches mutilées des deux arbres dont nous avons parlé ci-dessus. — Telle est du moins la première impression, et ce n'est qu'avec un peu d'effort qu'on parvient à redresser ce défaut de perspective.

Hâtons-nous de dire qu'en pénétrant dans les détails, l'observateur est récompensé de sa persévérance : l'analyse lui fait découvrir des motifs d'une originalité piquante. A côté du président, campé sur l'estrade, comme un César romain, un membre de l'ayuntamiento est assis les jambes pendantes et tranche bravement une pastèque dont la chair rouge est fort appétissante ma foi ! Un second boit à la régalade dans une gourde de peau de bouc ; les autres discutent en arrière. Le tambour et le fifre paraissent s'évertuer, à qui mieux mieux, sous l'œil du señor Alcade.

Nous n'en finirions pas si nous voulions décrire minutieusement toutes les scènes que contient cette page de tauromachie pour rire.

Ici c'est un groupe de banderilleros improvisés qui

se hissent prudemment sur les premiers degrés de leurs échelles debout contre le mur de la maison voisine : maison habitée par le digne recteur de la paroisse dont on aperçoit le buste en silhouette à la plus haute croisée. Ce type de figure est fidèle comme un portrait.

En face voici deux individus accroupis sur une barrière en palissade et d'autres prêts à l'enjamber. Au-dessus d'eux s'élève, comme un ombellifère des tropiques, un mât dont l'extrémité supérieure porte une roue de chariot. Là reposent mollement, comme des mousses aux huniers, deux intrépides gymnastes, tandis que un troisième exécute son ascension.

Il est on ne peut plus regrettable que l'artiste se soit contenté d'un frottis plus ou moins brillant et trop localisé. Avec un tel sujet, ainsi dessiné, un véritable coloriste eût pu faire un chef-d'œuvre étincelant de vie et saisissant d'originalité.

M. Escossura (Léon-Ignacio), qui est un élève de M. Gérôme, rappelle la première manière de ce maître. Son *Joueur de flûte*, N° 138 (S.-O.-2) est un motif gracieux et coquet. La pose de ce dilettante du 17e siècle, sa perruque à fines boucles tombantes, son joli costume de soie cerise à reflets châtoyants : tout cet ensemble est fort galamment troussé, comme on aurait pu dire à l'Œil-de-Bœuf.

Un coloris brillant, une touche délicate et un sentiment vrai, voilà plus qu'il n'en faut pour bien augurer de l'avenir du jeune artiste.

Les *Deux bons camarades*, N° 324 (S.-O.-1), de M.

Carl Schloesser sont deux bons gros réjouis d'enfants,
qui vont à l'école. Nous ne savons trop par quel chemin,
mais nous craignons bien, à voir cette bouche malicieuse, ces yeux intelligents et fripons, que ce chemin
ne soit celui de l'école buissonnière. Le désordre de
la toilette des deux bonshommes est très-heureusement rendu.

Des mèches plates en éventail, obombrant la face
épanouie des jeunes drôles, s'échappent de leurs
chapeaux posés un peu en arrière, avec cette crânerie
naïve qui s'ignore encore ; la blouse effilochée témoigne de plus d'une escalade sinon peut-être d'effrac-
tion ; leurs attributs classiques s'entassent pêle-mêle
sous leur bras ou dans leur sac : l'ardoise, la règle,
les cahiers, les livres. — La couleur est sobre,
franche et harmonieusement nuancée.

Mais ce que nous aimons le mieux dans ce joli petit
quadro, — le mot est d'André Chênier, — c'est cette
bouche sournoise où se lit la pensée à l'unisson de
nos compères dénicheurs.

M. Antony Serres, un des fidèles de notre exposition, a envoyé, avec sa *Nuit de Noël*, une petite
scène d'un autre caractère, conçue et exécutée à la
manière flamande ; en voici le titre qui abrègera nos
commentaires : Un *Marchand d'étoffes au XVIe siècle*.

La tête et la barbe grise du vieux marchand,
sa houppelande à revers de fourrure, sa mine sérieuse contrastent avec l'élégance insouciante de ses
chalands. Sa cliente est bien jolie, et nous admirons

en vérité que son âme vénale ne s'épanouisse pas
à cette fraîche apparition.

La dame porte la fraise de la reine Margot ; et le
mari la collerette, plus un toquet à plume blanche,
et un pourpoint de soie dont les épaulettes à crevés,
pareilles à celles de la robe de sa femme, sont bien
à la mode du temps. — Des pièces de brocart aux
vives nuances encombrent le comptoir ; et la dame
discute sur le prix ou sur la quantité, on ne saurait trop dire...

La scène est un peu froide, les draperies traitées d'une façon assez rudimentaire ; en somme,
malgré les qualités fort estimables, qu'on ne peut
refuser à cette composition, elle nous semble inférieure au tableau religieux du même auteur.

En est-il parmi vous, cher lecteur, qui raffolent
de ces motifs marqués au coin de la vérité et de
l'observation, de ces intérieurs enfumés ou ruisse-
lants de soleil, tels qu'en savaient peindre David
Téniers et Gérard Dow ?

Voici, alors pour récréer votre vue, une bonne vieille
qui s'est endormie, en filant, au coin du feu.
Son costume est d'un réalisme qui arrache à tous
cette exclamation familière : « *Oh ! comme c'est bien
cela !* » La quenouille s'est échappée de sa main
gauche ; et le haut de son corps, penché sur le bras
d'un fauteuil en bois noirci par la fumée, laisse
pendre la main droite, veuve du fuseau qu'elle
faisait tourner encore quelques instants auparavant.
Il y a là une foule de détails précieux : l'âtre aux pierres

désaggrégées, le dévidoir, la statuette coloriée sur la cheminée; le chat qui dort rassemblé en colimaçon; et le banc et la table, couverts d'ustensiles de ménage.

M. Jalabert s'est fait une place on ne peut plus honorable parmi les peintres de province ; son talent flexible a abordé avec un égal succès, et la peinture religieuse, et la peinture de caractère et le portrait.

M. Jalabert possède à la fois la correction et l'élégance, l'art du dessin et de la couleur.

Ces dons précieux se retrouvent dans le tableau exposé, cette année, par l'artiste carcassonnais, sous ce titre que Florian lui eût envié : « *Le boucher et l'agneau, ou la force vaincue par l'innocence,* » N° 186 (S.-E.-3). La petite fille, qui défend le pauvre agnelet contre son bourreau, a une adorable expression d'indignation mutine et de défi.

La tête posée de main de maître, le regard courroucé de l'enfant, la flexion du cou, le galbe et la touche si moelleuse des bras, des épaules; la chevelure soyeuse et bouclée : tout cela respire, tout cela nous ravit. L'agneau miraculeusement sauvé est vraiment bien mignon et nous intéresse.

Quel dommage que l'idéal de l'artiste se soit arrêté là ! Quelle choquante disparate (nous admettrions sans aucun doute la nécessité d'un contraste), fait ce boucher au pantalon vulgaire, au masque sentimentalement niais, dont la main laisse tomber sur son tablier sanglant un couteau par trop fidèlement copié d'après nature !...

On voit que M. de Léopold de Moulignon s'est ingénié à trouver un sujet original et il a cru le trouver dans le *Rêve de Sybille* (tiré du roman de M. Oct. Feuillet), N° 248, S.-E.-3.

Cette petite sybille a des yeux de pervenche qui vous vont droit au cœur, des yeux qui semblent rayonner de l'autre monde. Rien de plus joli que sa petite bouche friponne, souriant de plaisir ; que ces mèches abondantes de cheveux blonds qui encadrent son front de chérubin. Son hypogriphe de cygne qu'elle chevauche si gentiment, ses petits pieds baignant dans l'azur, a le duvet le plus fin et l'encolure la plus gracieuse du monde.

Le paysage est enchanteur, les eaux profondes du lac s'étendent en nappe de cristal sous l'ombrage des arbres. D'où vient cependant que ce tableau nous laisse froid et glace en quelque sorte notre imagination ? C'est que ce rêve devrait rester dans le domaine des rêves et que sa matérialisation nous choque. Nous ne comprendrons jamais qu'on puisse nous le présenter dans un cadre aussi réel et sous une forme aussi palpable.

Combien le peintre eût été mieux inspiré, selon nous, s'il avait figuré l'enfant, au premier plan, dormant dans une sorte de ravissement angélique, soit dans son berceau à l'ombre d'un saule du parc, soit dans le giron de sa mère, assise par un beau soir de printemps sur la terrasse ; et s'il nous avait peint dans un lointain vaporeux, et sous une forme indécise, le rêve dont il a fait son principal sujet ! Nous serions curieux de voir ce motif repris dans ces conditions par un autre artiste.

M. Feyen-Perrin a jeté sur la toile une délicieuse débauche d'atelier, qui tient du Callot par le dessin et sent la brosse de certains ateliers modernes, par la truculence du coloris.

Son *Café chantant en plein air* n° 142 (S-E-3) saisit à première vue, et l'on y découvre, en l'analysant, de charmants détails à côté d'autres, qui flottent sur les limites de la vulgarité ou de la pochade.

Le joueur de guitare, aux traits tirés, au galbe osseux, au profil de galoche, est un vrai type des pieds à la tête. — Le chapeau de feutre orné d'une longue plume, et posé en travers de la nuque, les jambes bottées jusqu'au-dessus du genou, les moustaches de l'homme, négligemment retroussées, répondent parfaitement aux modèles qu'on a rencontrés, ou à l'idéal qu'on s'est fait, d'un impressario de virtuoses ambulants.

Ce personnage est heureusement posé, et sa main semble pincer les cordes de l'instrument. La jeune *goelleuse* qui s'accompagne de la vielle est bien véritablement brossée avec un peu de laisser aller, et le rictus de sa bouche n'est certes pas modelé sur celui des nymphes de l'Opéra ; cette petite fille attifée comme une vieille, qui fait grincer la chanterelle de sa pochette, est bien quelque peu éborgnée ; le reste du groupe n'est guère sans doute, à y regarder d'un peu près, qu'une collection de minois légèrement chiffonnés. Mais en dépit, et peut-être même à cause de toutes ces négligences, le croquis de cette scène du monde bohême, — deux fois bohême à cause de ceux qui exécutent et à cause de ceux qui écoutent, — séduit infiniment par son ensemble, et porte un cachet de couleur locale que l'artiste n'eut jamais rencontré peut-être, s'il eut voulu travailler davantage son œuvre.

M. Piot a exposé une *Tête de jeune fille Italienne*, n° 266 — (S-N-4) — délicieuse étude dont le succès ne pouvait être douteux.

Il y a là, dans cette charmante créature, quelque chose de plus encore que des yeux chargés de morbidezza, qu'une bouche ravissante d'expression virginale, qu'une carnation brunie par les baisers du soleil : il y a une âme — Que nous aimons ce front pur, ces tempes aux suaves méplats, cette chevelure brune et à reflets moirés, et jusqu'à cette ligne qui les partage et où l'artiste a su mettre un je ne sais quoi de chaste et de séraphique ! — Comme ce capulet blanc est simplement et heureusement drapé !

Le corsage semble affaissé, et trop plat, disent quelques-uns : critique mal fondée, selon nous... Et ne voit-on pas que l'artiste a voulu peindre quelque poétique *Graziella*, d'une complexion délicate et d'une sensibilité maladive !

La leçon de flûte de M. Ed. Lebel, N° 208 (S.-N.-3), et son *Enfant Italien* d'Alvito n° 209 — (S**-N-2), forment deux pendants excellents pour un boudoir ou pour un cabinet de travail. — L'un et l'autre de ces motifs est un chef-d'œuvre de grâce et de sentiment.

Le bonhomme qui souffle si consciencieusement dans sa flûtte est coiffé jusqu'aux oreilles du chapeau napolitain de Sorrento, agrémenté de larges rubans en croix. Dieu sait quel tailleur primitif a présidé à la coupe et à la confection de son accoutrement qui l'engonce d'une si pittoresque façon ! Et ces jambes emmaillotées par des bandelettes et qui ressemblent à des boudins ! Et ce petit air pataud et intelligent à la fois ! — Et le *maestro*, qui debout et les jambes croisées suit attentivement avec le pouce et l'index, le mouvement de la flûte !... Toute cette petite scène n'est-elle pas rendue à souhait ?

La couleur est harmonieuse et chaude; la demi-teinte d'une délicatesse peu commune.

Le jeune garçon d'Alvito a plus d'un point de ressemblance avec le précédent, ce qui ne veut pas dire qu'ils sortent absolument du même moule. Ce dernier a la tête en pleine lumière, des chairs d'un bistre superbe et les plus beaux yeux du monde. Les deux mains appuyées sur son bâton de berger, la nuque frottant contre un mur qui le décoiffe à demi, le *ragazzo*, empaqueté dans sa casaque de peau de mouton sans manches, laisse poser comme Dieu le permet, ses jambes bouffies et cerclées de bandelettes. Tout en lui respire le nonchaloir.

Le Retour de la Messe des Rameaux, du même auteur, est un sujet d'une grande simplicité.

Deux bonnes femmes de Bretagne sont agenouillées devant le bénitier qu'elles viennent de décorer du rameau béni. — Les physionomies et les costu-

mes ne laissent rien à désirer pour l'exactitude,
l'originalité, non plus que pour l'expression et la
couleur. La scène manque un peu de vie : l'intérieur
est charmant du reste.

Un artiste belge, M. Dillens a encore envoyé deux
pendants qui figurent sous les n°s 128 (S.-N. 2) et 129
(S.-N. 3). Le premier tableau a pour titre : *«Pour avoir
chaud quand il fait froid »*, et le second : *« La querelle »*. L'un est le prologue de la vie conjugale ;
l'autre n'est pas l'épilogue, mais quelque chose
d'approchant.

D'abord, c'est un couple amoureux en toilette du
dimanche qui revient au village en schlittant sur
la glace. La jeune fille a un frais visage dont l'ovale
est coquettement encadré dans son chapeau de
paille à forme longue, comme en portent les paysannes
du nord pendant l'hiver ; le jeune homme, heureux
et fier de remorquer sa fiancée, brille d'un air de
santé ; sa mise est correcte, presque élégante. Ces
deux personnages sont posés d'une façon très-heureuse.

Ce paysage glacé et fuyant dans la brume a un
vrai cachet de couleur locale.

La teinte générale est agréable à l'œil et d'une
touche moelleuse. — Et cependant on hésiterait, nous
ne saurions trop dire pourquoi, à placer cette toile
dans un musée, non plus que la suivante, parmi
les œuvres qui portent véritablement l'empreinte du
génie artistique ; on dirait qu'il y a autour d'elles
comme une réminiscence de trumeau d'hôtel.

La *Querelle* représente encore les mêmes personnages, mais *quantúm mutati* !... L'homme a une veste rouge écarlate percée aux aisselles, un chapeau déformé, un masque et une tenue de chenapan.

Qu'on se figure assis sur un mur de clôture dans une attitude assez originale, une jambe pendante et l'autre formant le V, avec un pied sur le couronnement, un individu répondant au signalement ci-dessus, violet de courroux, la bouche grimaçante et grand'ouverte, comme pour donner passage aux gros mots : voilà l'esquisse du mari. Sa femme n'est plus ni aussi pimpante ni aussi gentille, ni aussi douce; elle tourne à la commère malicieuse et endiablée. Le pli de sa bouche et sa pose et sa tenue l'annoncent. Comme elle est heureuse de faire enrager son coquin de mari ! Comme elle le défie et le nargue !... *Et nunc erudimini* !...

Le N° 381 (S.-N. 2) de M. Sinet a un titre un peu vague : *Le repos*. Il s'agit d'un braconnier ou d'un maraudeur occupé à compter sur une table le prix du gibier que la ménagère vient de recevoir et qu'elle retient encore par les pattes. D'une part, la mine futée, madrée et profondément intéressée du vendeur, le sérieux qu'il apporte dans son calcul et qui ferait honneur à un juif pesant ses onces d'or; d'un autre côté la physionomie ouverte, un peu narquoise de la dame, qui semble dire: « Eh ! bien vous avez votre compte » : c'est dans ce contraste que l'auteur a concentré toute l'action de cette jolie scène.

L'analyse ferait ressortir une foule de détails charmants. La ménagère est un excellent type, une personne un peu plantureuse, mais d'une franche bonhomie. Les plis de sa robe, de son tablier, du corsage et des manches surtout ont beaucoup de cachet. Le fond du chaudron qui repose sur le parquet a des luisants dorés ; enfin la touche est grasse et la couleur distribuée avec infiniment de goût.

Le N° 22 (S.-N.-4) est une petite toile de M. Bendorp, de Dordrecht (Hollande). — Une jeune châtelaine moyen-âge, accompagnée de sa nourrice sans doute, quelque *Iseult* ou quelque *Yolande*, au corsage pareil à celui de la Marguerite de Schefer, rencontre dans sa promenade à travers la forêt, au bas d'un talus élevé du chemin, une bonne vieille et son enfant. L'âme compatissante de la damoiselle s'ouvre *déjà*, comme va bientôt s'ouvrir son escarcelle. Ce sujet n'a rien de très-neuf, mais il est toujours bien venu.

M. Aimé Marchaux a peint, d'après ses souvenirs de Valachie, une tête de genre, — N° 229 (S.-N.-2), — qui se ressent par trop en vérité d'un pays où le maquillage est, comme on sait, fort à la mode. Sa « Jeune fille aux sequins » n'a rien d'humain, c'est un masque.

Voici deux tableaux de chiens de M. Noterman, un spécialiste émérite.

Le Chenil, — N° 256 (S.-E.-2), — se recommande, sauf quelques restrictions, par les qualités ordinaires du maître : un je ne sais quoi de primesautier, de hardi, de truculent et de souverainement original ; mais la nouvelle toile est trop négligemment brossée et semble faite pour la vente. N'était ce beau chien au pelage noir et brun, on aurait peine à dire, sans l'avoir lu : *Noterman pinxit.*

Le n° 255 (S.-N.-2) appartenant à M. Dauzon ne mérite pas ce reproche. La rage des deux champions, le chien et le chat, est rendue avec une remarquable furie de brosse et une singulière énergie d'expression. Rien de plus hardiment jeté que les lignes et les contours accusés par la lutte des deux animaux !... Que de choses parlantes dans cette petite toile : la gueule béante, et les prunelles de braise, et le poil hérissé, et les ongles acérés... et que sais-je ? la griffe du maître...

Nous voudrions louer sans réserve *Les Maquignons*, de M. Jules Constant, N° 99 (S.-E.-2). Il y a du bon dans la manière dont ces chevaux sont peints et groupés. Le vieux *blanc*, pour le traitement duquel nos compères méditent sans doute quelque bon tour de leur façon, renouvelé de la fontaine de Jouvence, est une excellente étude ; mais, à vrai dire, nous ne trouvons aucune intention quelconque dans cette toile. L'intérêt de la composition est trop pâle pour un tableau de genre et l'anatomie chevaline n'y est pas assez supérieurement traitée pour l'assimiler à un sujet exclusivement sportique.

Cette jeune « marchande d'allumettes » n° 279, (S.-E. 1) a un délicieux profil, un type fier et songeur. Les plis de la jupe sont jetés avec une truculence du meilleur aloi et produisent un effet neuf.

La teinte chaude et le galbe pur de cette figure, coiffée du madras bordelais, constituent une manière originale de rendre les types locaux, manière que nous ne saurions trop encourager, et qui promet.

M. Pradelles n'en restera point là assurément.

M. Venat a choisi, cette année comme les années précédentes, des motifs d'un caractère tout béarnais, d'un parfum tout pastoral. Son « *Etable* » porte le nº 343 (S.-E-1).

Ces moutons sont étudiés sur le fait ; ils ont de franches et douces physionomies qui auraient fait pâmer d'aise le cœur du bon Lafontaine. Le crêpé des toisons est rendu avec beaucoup d'art ; la touche est grasse et légère, le coloris en progrès sur les dernières œuvres de l'artiste. Un jeune pastoureau vient de monter sur une échelle et enfourche une poignée d'herbe fraiche, comme pour mieux varier cette élégante composition.

La Cantatrice de M. Blanc Fontaine Nº 34 (S.-S. 5) a une bien belle robe à grands plis moirés. Elle est superbement drapée dans son manteau blanc, et son image dans la glace forme une silhouette d'une extrême finesse. Sa main blanche et aristocratique montre que le pinceau qui l'a créée et mise au monde est susceptible d'une certaine délicatesse de touche. Mais bon Dieu ! dans quel milieu a vécu cette infortunée pour y avoir pris ces tons livides, ce masque fiévreux !... Si c'est l'ombre des draperies qu'a voulu rendre l'artiste, il semble qu'il aurait pu choisir un meilleur jour. Les chanteurs gagnent généralement à être entendus sans être vus. N'était-ce point déjà un sujet assez ingrat que de peindre une prima donna au moment où sa bouche et sa gorge sont en travail de vocalisation?... Et s'il suffisait bien de cette difficulté à vaincre, pourquoi la compliquer à plaisir?..

La scène lugubre peinte par M. Fouque, sous ce titre : « *Les dernières recommandations* », — n° 147 (S.-E. 1), renferme d'excellentes choses, mais elle pèche par la figure principale, qui est bouleversée à l'excès. Le peintre a voulu exprimer l'angoisse, la sollicitude du mourant pour son vieux père assis devant le feu, et cachant son front dans ses mains. Au lieu de cette touchante expression, il a rencontré je ne sais quel sentiment d'horrible amertume que traduit cette bouche grimaçante, ces yeux hors de leur orbite. — Comme on voit, c'est un effet manqué ; et par là s'explique pourquoi la plupart des visiteurs détournent les yeux de ce tableau sinistre en dépit des qualités réelles qu'il accuse, au point de vue du style, de la couleur et du dessin. La figure désolée de la jeune femme du moribond est parfaite.

Cette femme dans la ruelle, qui laisse tomber ses bras de désespoir, est très parlante. Il y a là tout un poème.

M. Ventadour a peint un « *Harnais de pierres* » — N° 348 (S.-E. 3). Une grosse charrette chargée de gros blocs cubiques débouche d'un chemin encaissé. Le cheval de devant et celui du timon, qui se présentent de face, sont esquissés de main de maître. Les trois autres, d'un dessin un peu confus, enchevêtrent leurs jambes de telle façon qu'il en résulte un fouillis assez inextricable. Sauf ce reproche, la composition dans son ensemble est harmonieuse, et la couleur vraie.

Le mouvement de l'attelage et du conducteur est bien rendu. Un petit roquet aboie après les chevaux ; on ne saurait approcher davantage de la vérité. Le paysage crayeux, accidenté, comme les carrières de la Champagne, se développe sur un fond à base jaunâtre. Le plus grand défaut, à nos yeux, des motifs de l'espèce, c'est de manquer généralement de style et de pittoresque.

Les Porteuses d'eau de la place Saint-Marc, à Venise, n° 18 (S.-E.-4), ne démentent pas la réputation de beauté des filles de l'Adriatique. La peinture de M. Bellardel les représente avec leurs chapeaux de paille coquettement enrubannés , pieds nus, et remplissant leurs seaux au bassin de la fontaine monumentale.

L'une d'elles, assise sur les gradins, a des traits d'une grande finesse , et ses joues modelées à ravir sont d'une teinte chaude qui rappelle la patrie du Titien. Nous n'avons jamais vu Venise , mais nous serions disposé à croire que ce tableau est parfaitement exact. Seulement , disons le sans hésiter, ici encore, le style fait défaut. M. Bellardel n'a réussi qu'à dessiner une excellente page pour un journal illustré, rien de plus.

La manière de feu Bouterweck n'est pas du goût de tout le monde et le plus grand tort qu'elle a bien assurément, c'est d'être tout à fait démodée. Et cependant, on imaginerait difficilement rien de plus fin que l'esquisse, rien de plus délicatement fondu que la couleur des deux toiles posthumes qui figurent à l'exposition de cette année.

Dans la première, N° 52 (S.-N.-2), l'artiste a peint des *Joueurs d'échec*, contemporains de la jeunesse de Louis XIV. Ce ne sont pas seulement les costumes qui sont reproduits avec la plus scrupuleuse fidélité,— mais comme tous les accessoires, tous les détails ont été étudiés et rendus avec un soin minutieux!.. C'est la quintessence de la peinture aristocratique et musquée. Cette belle dame dont la moue et le geste, moitié dédaigneux, moitié triomphants, montrent bien qu'elle vient d'avancer la pièce qui mâte son adversaire, a une blancheur de peau véritablement éblouissante. On dirait une goutte de lait.

Et ce canapé en damas vert, rayé d'or et moiré de reflets ? Ne semble-t-il pas, tant il est moelleux, qu'il invite à s'asseoir ?... Hélas! hélas ! tout cela n'est plus de mode. Et ce petit chien favori ? — ne dirait-on pas qu'il vit et que sa gorge mignarde va roucouler un glapissement d'amitié ?... N'admirons rien, la mode s'y oppose. Et les bras, les épaules, le cou de la dame? Quel galbe arrondi, quel modelé pur comme l'ivoire !...Encore une fois, la mode, toujours la mode.

La toile N° 53 (S.-S.-1), qui fait pendant à la première, représente la scène *des Révérences* empruntée
à l'*Ecole des femmes*, de Molière ; le quatrain suivant
sert de légende :

Il passe, vient, repasse et toujours de plus belle
Me fait, à chaque fois, révérence nouvelle,
Et moi qui tour-à-tour fixément regardais
Nouvelle révérence aussi, je lui rendais.

Cette jeune Agnès est d'une beauté éblouissante,
capable de rendre fous tous les *Damis*, tous les
Valère, passés, présents et futurs. Son attitude est
ravissante d'ingénuité et sa friponne de duègne est
posée, de son côté, sur la terrasse, comme il convient à une de ces tentatrices que les Méphistophélès
de tous les temps prennent pour auxilliaires.
.. Notre jeune premier a tout l'attirail des dandys
de l'époque : et la perruque, et l'épée, et les
jabots et les dentelles, et le nœud sur l'épaule.

Et ces petits souliers de rubans revêtus,
Qui les font ressembler à des pigeons pattus.

On a beau se dire et se redire que tout cela n'est
en somme que de la peinture sur porcelaine, il n'en
résulte pas moins une singulière attraction. Faut-il
y résister ? — Ma foi non, ne soyons pas éclectique
à demi, et laissons-nous charmer.
Le *Pifferaro* de M. Jules Salles, — n° 315 (S**-
O, 1) est joli, mais trop léché. Nous souhaiterions
à cet artiste qu'il pût voir les tableaux de M. Lebel.

Le n° 314 du même (S**-O. 1), nous plaît mieux. Cette jeune fille en prière, a des yeux de velours, une fraîche carnation et la plus luxuriante chevelure du monde. On y trouve de la vie et de la poésie en un mot.

Le Contrebandier, de M. Fouquet, N° 148 (S*-N.-2), ressemble de loin à une toile de Titien par la transparence du glacis et par l'éclat aussi bien que par l'harmonie des tons. La composition est du reste assez médiocre et ne répond guère à cette impression favorable.

M. Bellangé a hérité de la prédilection paternelle pour les esquisses militaires. Son épisode intitulé : « Un soir de bataille en Italie, » N° 15 (S**-E.-1) n'est pas sans mérite à coup sûr, comme composition. Une scène émouvante attire l'attention sur le premier plan à droite : un brave sous-officier s'agenouillé dans l'attitude de la pitié et de la douleur près du corps de son capitaine, tombé mort sous une des dernières décharges. Des cadavres de soldats français et autrichiens sont couchés pêle mêle sur le sol. A gauche, près d'une maisonnette, un de nos vétérans soutient un allemand blessé.

A travers le dessin un peu *jeune* de l'artiste et sa couleur un peu criarde, on devine la pensée qui domine l'œuvre ; on y découvre un sentiment réel qui prédispose à l'indulgence, en supposant qu'une analyse plus sévère nous fît mettre à l'index certaines incorrections.

« *Après la victoire.— Episode de la guerre d'Italie* » : tel est le titre du n° 287 (S**-E-2).

Une jolie cantinière ramène un blessé sur un âne, à travers un chemin vicinal dont la tenue est irréprochable, comme tout ce qui joue un rôle dans cette scène.... d'opéra-comique.

Ah! M. Renaut, vous nous peignez de la guerre une miniature à l'eau de rose. Vous finiriez par nous la faire aimer, Dieu nous pardonne!... Et que dirait M. Garnier-Pagès !...

M. Carré-Soubiran a une touche opulente; il arrange ses draperies avec une entente parfaite des effets dont est susceptible notre costume moderne. *Sa Paysanne du Puy-de-Dôme* n° 71 (S-E-2) lui a donné l'occasion d'opposer dans un habile contraste, les tons rouge et bleu de la double cotte que portent les femmes d'Auvergne, contraste adouci par un tablier de toile écrue tombant à revers sur l'une et l'autre jupe.

Les mains sont traitées avec une grande délicatesse de touche; la pose hardie, la physionomie très-vivante.

Le n° 164 (S**-O-1) est le pendant de *La Liseuse* de Mlle Grandmaison.

Fatiguée d'épeusseter l'atelier de peinture de sa maîtresse, la « *bonne* » a posé son plumeau sur le parquet; ses yeux baissés parcourent un album *de gravures*. La tête en pleine lumière est colorée de tons chauds où l'on reconnaît avec plaisir une touche magistrale. Les cheveux notamment sont d'une splendide nuance.

Mme Bébé a noyé sa fille, une poupée de huit sous, dans un vase de terre, et Mme Bébé se désole en essuyant ses yeux avec le pan de sa jupe relevée. Voilà « *Le grand chagrin* » qu'à peint M. Baron, un tout petit rien, poché, d'une bonne pose, et naturel, comme la plupart des choses qui viennent d'inspiration. — Voir pour ce dernier sujet, le N° 13 (S.-E.-4).

Une autre toile enfantine est celle de Mlle Bertha : « *Un jeune homme pelant une pomme.* » — N° 25 (S**-N.-2).

Certes notre bonhomme, les coudes sur ses genoux et les pieds reposant sur le premier bâton de sa chaise, paraît être consciencieusement *à son affaire...* C'est joli, c'est expressif, c'est vrai ; celà est travaillé et ne sent pas le travail.

M. Paul Lagrange a commis deux pochades que lui aurait pardonnées M. Delacroix, *quand vivait,* mais non pas à coup sûr M. Ingres. — L'une est un « *Vieux Reître,* » N° 199 (S.-S.-2) ; l'autre « *Un jeune mousquetaire* » N° 200 (S-S-3).

Nous qui faisons profession d'éclectisme, nous dirons au jeune artiste qu'il ne suffit pas de brosser avec plus ou moins de verve et de brio une esquisse à peine ébauchée. Le chic est permis aux artistes consommés parce qu'ils puisent souvent dans ce mode de procéder des effets imprévus, originaux. Mais nous ne conseillerons jamais à un débutant de se livrer ainsi aux hasards de l'improvisation, sans avoir profondément médité l'ensemble et les détails de sa composition, sans être, en un mot, plein de son sujet. — M. Lagrange, qui paraît avoir l'étoffe d'un coloriste, comprendra tout le chemin qui lui reste à faire pour arriver au cœur des difficultés de son art.

Nous terminerons cette longue revue des tableaux de genre par un aperçu critique sur l'école Dusseldorff, représentée dans le premier et le deuxième petit salon, par les toiles N°s 338, 183, 355 et 277.

En littérature comme en peinture, l'Allemagne montre assez communément une certaine préoccupation de l'esthétique naïve; une certaine recherche de l'humour et de l'originalité, tels que les comporte le caractère germanique; enfin une certaine tendance au mysticisme et aussi parfois à la trivialité, double écueil dont les plus beaux génies, et Gœthe et Schiller eux-mêmes, n'ont pas toujours su se garantir.

C'est à ce point de vue particulier qu'il faut juger les œuvres des artistes allemands, si l'on veut le apprécier avec convenance et justice. Les procédés des peintres d'Outre-Rhin n'empruntent rien aux trucs de l'école française. L'empâtement y joue un rôle secondaire; tandis que, par contre, un glacis général qui rappelle la teinte enluminée des vieilles images, forme la couche obligée de la plupart des tableaux d'origine germanique.

Le premier essai, de M. Toussaint, N° 338 (S**-E.-3), est un excellent spécimen dans ce genre.

Dans un de ces bons intérieurs allemands, largement aérés par de hautes croisées à lozanges de plomb, un cordonnier, un vrai cordonnier du vieux-temps, coiffé de la casquette à visière saillante, fume sa longue pipe de porcelaîne sans quitter l'établi, suivant une habitude qui lui paraît quelque peu familière. Ce digne père contemple d'un air assez épanoui son jeune apprenti de fils, essayant pour la première fois la chaussure d'une jeune fille qui trône assise sur une estrade. Tous ces types sont précieux. Quiconque a voyagé sur les bords du Rhin, de Schaffouse à Coblentz peut les reconnaître. C'est bien là le corselet des paysannes badoises, suissesses ou prussiennes, qui traînent jusqu'à terre leurs longues tresses blondes.

La belle a un bas blanc bien tiré, une mine fière et réjouie, où se réflète en même temps un peu d'émotion et d'embarras. Le gamin, posant un genou à terre comme un chevalier, semble absorbé par son nouveau rôle et contient avec peine les sentiments divers qui l'agitent. Son œil pétille d'orgueil et de plaisir; son petit bonnet en frémit.

Ceci n'est pas une apologie de l'œuvre, nous racontons* nos impressions.

Le n° 183 (S**-O-1) représente un *Intérieur d'église* et un *Capucin en prière*. Ce tableau a pour auteurs MM. Herwegen et Salentin, *arcades ambo.*

La nef n'est point vue longitudinalement, comme il arrive d'ordinaire, quand l'artiste cherche à se ménager des effets de perspective; elle apparait au travers d'un arceau latéral.

La peinture de M. Herwegen est froide à l'égal

du sujet qu'elle représente, ceci est une façon de dire, qu'à défaut d'autre mérite, elle doit avoir au moins celui de la vérité. Les briques mal jointes, les stalles en vieux chêne sculpté, les parois nues, tout annonce la vétusté et l'appauvrissement de cet antique sanctuaire.

Le moine en prière lit son office dans un large bréviaire enluminé. Les draperies de sa robe de bure, sa tête rasée et son profil ascétique se détachent bien sur l'ombre portée du prie-dieu.

Ce n'est pas sans une certaine appréhension que nous émettons toute notre pensée sur le « *St-Hubert* » de M. Auguste de Wille. S'est-on assez récrié sur ce malheureux tableau ? A-t-on assez fait de commentaires malicieux sur l'attitude et la prosternation naïvement extatique du bienheureux ?

Nous avouerons franchement que la contagion nous avait gagné nous-même autant que personne. C'est là une mauvaise impression dont on a peine à se défendre, mais un examen plus attentif fait qu'on s'habitue à l'étrangeté de cette toile mystique et qu'on y découvre des beautés dignes de l'admiration des connaisseurs.

Qu'on parcoure les paysages du salon, et qu'on nous dise si l'on y rencontre beaucoup d'effets pareils à celui que produit cet arbre gigantesque, au tronc couvert de mousse, et fracassé comme s'il venait d'être frappé de la foudre ? Et cette éclaircie qui ouvre dans le clair-obscur une échappée de vue à travers la mystérieuse profondeur du bois ?

Et cette admirable frondaison, et cette végétation
luxuriante des forêts vierges? Et cette source dont
il semble qu'on ressent la fraîcheur pénétrante, et
qui filtre à travers les herbes pour tomber en cas-
catelle et s'épancher dans un petit lac bordé de
plantes aquatiques?

Et ce tronçon brisé qui avance, comme un pro-
montoire, sa tête aux fibres tordues sur le miroir
de l'eau bleuâtre, et y projète son ombre au
milieu des reflets de la végétation qui l'entoure?

Quelle touche grasse et splendide! quelle richesse
sur le premier plan!... En vérité, si le tableau se
bornait à cela, il nous semblerait difficile de n'en
pas faire un complet éloge.

Le reste, c'est-à-dire ce qui nous paraît invrai-
semblable, impossible dans cette toile est sacrifié
au sentiment religieux, au style gothique et naïf
dont l'artiste à voulu se rendre l'interprète.

La nappe de rayons lumineux qui, du tertre élevé
où apparaît le cerf mystique, descend jusqu'à Saint-
Hubert, gagnerait à être plus diaphane; ces chiens
hurlants, aux formes fantastiques, n'ont rien qui
ressemble aux types de la race canine que peignent
Devos et Noterman. Ils se rejettent en arrière, hé-
rissent leur poil ou tordent leur queue comme s'ils
étaient hallucinés. Tout cela est étrange, mais c'est
réellement beau. Placez-vous au point de vue de
l'artiste et vous comprendrez sa pensée et son œuvre.

Nous ne sayons si quelque amateur sera tenté
d'enrichir sa galerie de ce remarquable spécimen.

Qu'on nous permette, du moins, de désigner le motif à l'attention de nos artistes verriers. Ne pourraient-ils pas le copier et en faire le sujet d'un magnifique vitrail. Nous soumettons cette idée à M. Maumejean?..

Le tableau n° 277 de M. Post (S** N-1) qui rentre dans notre énumération des toiles de l'école allemande, est justement un *Paysage Italien*, une vue de Torre-del-Greco. — Nous avons trop de hâte d'entamer le chapitre des paysages pour ne pas saluer cette découverte avec l'accent que dut prendre naturellement le pilote de Christophe-Colomb, en criant : terre ! terre ! (*)

Sur ce, nous profiterons de cette occasion merveilleuse pour passer à notre deuxième catégorie.

(*) On comprendra cette exclamation si l'on songe que dix jours à peine nous séparent de la clôture de l'Exposition.

IV.

Paysages.

Cette vue de la rive napolitaine est pleine d'enchantements, la scène est animée, poétique.

Une barque tirée sur plage semble se reposer des secousses de la lame. Une autre, touche le bord dans une petite crique.

On en décharge des fruits, des légumes, des fleurs qui remplissent des corbeilles, comme dans la scène de la *Muette de Portici*. Un groupe d'hommes ayant de l'eau à mi-jambe travaille dans la crique pour haler une troisième barque. Des lazzaroni, dont quelques-uns à demi-nus, sont éparpillés sur le rivage. De l'autre côté de la crique, une falaise à pic limite brusquement le plus riant des plateaux. Ce sont de jolis arbres, des maisons élégantes, une coquette église et plus loin dans la demi-teinte un manoir dont la silhouette se dessine dans un massif d'arbres. Le lointain est prestigieux, le ciel azuré et moelleux comme un ciel napolitain. Le coloris est fin, la touche délicate; un glacis transparent adoucit la teinte générale du tableau qui ne manque pas d'éclat. Voilà bien des qualités réunies; et pourtant ce tableau ne plaît qu'à demi. Serait-ce que la couleur est trop fondue, et qu'il nous faut absolument des antithèses, en littérature comme en peinture?...

S'il est vrai absolument, qu'hors de la théorie des contrastes il n'y ait point de salut, les deux grandes et belles toiles exposées par M. Charles Boulogne n'ont guère de chances de trouver grâce devant la poétique nouvelle. L'un et l'autre paysage, bien que traité d'une façon assez magistrale, se distingue en effet par la placidité générale des tons et même, à vrai dire, par une touche un peu molle.

Le tableau N° 47 (S**-N.-1) représente le bassin du Tage, près de Tolède. — C'est un effet de soleil couchant.

La large nappe irisée du fleuve va se perdant jusqu'aux montagnes entre deux rives festonnées par l'érosion des eaux et garnies par places d'une riche végétation. Sur le premier plan à droite, le courant dévie brusquement et contourne une petite langue de terre, rongée, ravinée et peuplée de grands arbres tors ou penchés sur les eaux.

Le N° 46 (S.-N.-1) est une vue des *Landes du Gombo* (Toscane). L'aspect morne et triste de la steppe comporte bien la teinte uniforme à laquelle le peintre se montre toujours fidèle; et ici, l'on pourrait dire que la monotonie est simplement de la couleur locale. Quoi qu'il en soit, l'artiste qui a su dessiner et poser ce jeune taureau dans cet étang du premier plan, a donné, par cette seule esquisse, la mesure de sa maestria... C'est encore un bel effet que cette longue traînée argentée, et pleine de scintillements, que projètent sur l'eau dormante, aux pieds du *novillo*, les rayons du soleil couchant !.....

M. Appian , un de nos exposants les plus fidèles, est élève de Corot ; et comme son maître , il se préoccupe du style jusque dans ses moindres compositions. Nous aimons beaucoup ses *Bords du canal du Bourget*. N° 6 (S*-E.-2).

Des rochers , jaspés de mousses multicolores , veinés de noir, marbrés de cassures, au premier plan ; plus loin , un arbre d'une forme très-poétique et très-vraie à la fois, une anse charmante ; un délicieux lointain à gauche ; un ciel de lapis-lazuli, ouaté de nuages blancs : que faut-il de plus pour désarmer la critique, pour ravir tous ceux qui ont vu de près les beaux sites d'Aix, du Bourget et d'Hautecombe, et les bords enchanteurs du lac immortalisé par Lamartine ?

Le *Chemin Normand*, de M. Bellangé , tourne bien à travers le massif; les ombres portées des arbres sur la terre brune sont d'un style sévère. L'effet est heureusement rendu , mais l'empâtement du feuillage est trop lourd.

M. le comte de Bylandt nous a envoyé, cette année, des *Moutons d'Ecosse*. N° 65 (S.-E.-4).

Ni par le mérite de la composition , ni par les proportions du cadre , cette toile ne peut soutenir le parallèle avec celle qui figure au musée de Pau, et dont nous fîmes l'autre année la critique élogieuse et complète.

Cependant, les qualités du maître s'y retrouvent : la couleur harmonieuse et la touche délicate parfois jusqu'à la mollesse, la science de la perspective, l'élégance et la vérité du dessin, le charme de la composition et du style.

Ce paysage écossais est agréable à voir : le passage qui conduit à la clairière, et que ferme une barrière rustique, nous reporte à certains chapitres de Walter Scott ; le groupe des bergers se détache admirablement dans la verdure ; ces moutons et ces agnelets ont une robe soyeuse et sentent le *high life.* Comme par besoin de contraste, la terre du premier plan est couverte d'une végétation ébouriffée, épineuse. Un de ces mamelons en pointe qu'en Savoie, on nomme des *Dents*, profile au second plan son arête dégradée tandis que la chaîne des *highs-lands* disparaît peu à peu dans la perspective. Les nuages du fond sont floconneux et flottent dans la brume.

Le *Chemin à Villers* (Brabant), de Mlle Euphrosine Burnaert, N° 64 (S.-N.-1), est un large sentier qui serpente et fuit dans la lande gazonnée. Le terrain inégal se dénude par places ; on distingue les traces sinueuses et confuses du passage de l'homme et des animaux qui décrivent leurs sillons capricieux sur le sol. L'ombre d'un talus à droite, un troupeau de jolis moutons et la silhouette de leur gardienne, dans le chemin ; un groupe d'habitations rustiques flanquées d'arbres, voilà pour le premier plan. Un lointain finement détaillé ; la flèche de l'église à travers un rideau de bois ; un ciel floconneux et nuancé de blanc et de gris, voilà pour le fond. En somme, tout cela est étudié et rendu avec un art infini, et ne rencontre que l'admiration.

M. Benard a exposé trois bonnes marines ; nous citerons *La rentrée au port* des bateaux-pêcheurs du Tréport-Normandie, (N° 19-S.-E.-3), qui nous semble préférable aux deux autres.

La mer s'est creusée en lames et a pris cette coloration orageuse qui panache la crête des vagues, de blanc, de cinabre et de vert. Le ciel est livide, et tandis que les embarcations luttent contre le vent au sommet de la falaise à pic, le phare et le château-fort se dressent immobiles dans la vapeur.

M. Brissot de Warville a fourni un lot de trois coquettes petites toiles comme il sait les peindre. *Le gué*, N° 55 (S-N-4); *Les Moutons dans la prairie* N° 56, (S**-N-2); enfin le *Paysage aux Pyrénées*, N° 57 (S-E-4).

Un troupeau de vaches arrive par un chemin rural, et s'apprête à passer une rivière aux flots clairs et tranquilles, comme la vie des champs. Tel est le motif qu'annonçait d'avance *Le Gué*.

Tous ces bestiaux sont peints d'une façon très-remarquable, bien qu'un peu maigres de touche. Le chemin est bordé d'un côté par une pelouse verdoyante, et de l'autre, par une bruyère que trouent çà et là, comme un manteau percé par le temps, nombre de points dégazonnés ; les talus arrachés, et comme excoriés, témoignent d'une bonne observation.

Les moutons du n° 56 ont des attitudes très-diverses, heureusement trouvées et encore plus heureusement rendues. Tout au plus pourrait-on reprocher à l'artiste un peu de mignardise dans la touche.

Le paysage du n° 57 est une excellente pochade, dont la mer de Gascogne a fourni le prétexte, avec sa plage et ses mouettes, et ses chars cahottés sur le chemin qui côtoie la grève.

La Halte près d'un Marabout, de M. Boze, N° 54 (S.-N. 1), est un motif d'une bonne couleur orientale. La composition est harmonieuse, la végétation africaine reconnaissable aux longues tiges imbriquées des palmiers et aux touffes de lentisques ; tous les détails sont éclairés avec beaucoup d'art. — Une pâte un peu plus solide, et l'artiste marchera sur la trace des Decamps et des Fromentin.

Les Petits paysages en Flandre de M. César de Cock, sont exécutés avec un *chic* remarquable. On sait que ce mot est passé aujourd'hui de l'argot d'atelier dans la langue critique.

Son N° 91, (S.-N.-2), est *un chemin tournant*, bordé de longs bouleaux à la tige si fine qu'on dirait une illusion.

Ces perches d'un diamètre microscopique, et alignées régulièrement des deux côtés de la voie, font d'abord un assez singulier effet. Mais, vue d'un peu loin, la scène vit et s'anime, plus qu'on ne saurait croire.

Le coloris, du reste, n'a rien de tapageur, l'artiste ne sort guère du gris, de la sépia ou du bistre.

En somme c'est sans prétention aucune, à moins que l'artiste n'ait voulu affecter la simplicité. Il y a un peu plus de style dans le N° 90 — *Le Moulin* (S**-O.-2*).

Nous avons pour ce classique et pittoresque moulin à vent de l'école flamande une prédilection marquée, explicable du reste par un sentiment de reconnaissance eu égard aux nombreux chefs-d'œuvres dont il a inspiré ou animé le motif. Celui de M. de Cóok a des ailes diaphanes comme une monstrueuse libellule; il semblerait qu'il va s'envoler, n'étaient ces pieds de nain fantastique, courts et enracinés au sol, qui le retiennent.

Le versant du côteau est en pente douce, il tourne et fuit à ravir; ces moutons en miniature qui y broutent éparpillés sont très mignons; enfin, le chemin qui développe sa courbe au bas du côteau, et aboutit à la maison, est d'un très joli effet. La teinte générale est toujours en grisaille.

Un soir aux bords de la Seine près des carrières sous Poissy, — N° 109 (S**-E-3), — est un des trois paysages exposés par M. Daliphard.

L'ombre portée des hautes berges sur le fleuve forme un dessin confus et fantastique, qu'éclairent de flottantes lueurs; c'est un de ces effets de nuit qui ne vieillissent pas et qu'on aime dans tous les cas à voir rajeunir. M. Daliphard a tenté l'épreuve avec succès. Il y a toutefois dans sa manière une regrettable sécheresse de touche.

M. Charles Deshayes a largement fourni son contingent : quatre paysages, dont les motifs sont pris au bord de la Seine. Nous dirons seulement quelques mots des Nᵒˢ 117 (S-N-4) et 120 (S**-E-2).

La première toile est faite avec une large maestria. Le bassin de la Seine se développe de gauche à droite en contournant un mamelon et disparait insensiblement dans un fond boisé. Bordée d'une haie continue de hautes cépées aux formes ovales, la berge à droite n'offre rien de bien remarquable hormis l'ombre qui nuance de teintes foncées la surface de l'eau.

Au premier plan le fleuve déroule sa nappe liquide, entrecoupée d'îlôts verts et de batelets. A gauche, des herbages plantureux à sillons côtelés, plus loin un tertre complanté de grands bouleaux, et traversé d'une coupure transversale : tout cela est grassement peint et produit le plus délicieux effet. La végétation détaillée sous l'ombrage avec une grande magie de pinceau, la pelouse qui fuit dans la demi teinte à travers la colonnade des arbres, le fond du fleuve et le ciel, nuancé d'une teinte violette, donnent au paysage un aspect prestigieux.

Le Nᵒ 120 (S**-E-3) est un beau soleil couchant.

La rive droite de la Seine est complantée d'une ligne de grands arbres qui font flotter sur les eaux leurs panaches d'ombre, panaches aux contours indécis et éclairés ça et là d'un reflet de lumière.

Cela ressemble à des voiles de crêpe ou à des toiles d'araignée dont la trame laisserait voir jour par intervalles. Le contour de la rive et le lit du fleuve fuient admirablement dans le clair-obscur. Pour animer la scène, le peintre a fait débarquer d'un canot des chatelains qui s'en reviennent d'une partie nautique.

La *Chaumière* de M. Desjardins N° 122 (S**-O-1) est encore un joli motif, sobre et harmonieux de couleur.

Au premier plan, apparait, près d'un chemin pierreux, un groupe de chaumières d'une excellente couleur rustique. Des perches plantées en l'air sous diverses inclinaisons forment ce fouillis particulier qui semble ne pas trop déplaire aux hommes des champs. Le terrain clairiéré monte et se perd à l'horizon.

Le ciel orageux est rendu par un effet assez neuf. A gauche, un amas de nuages blafards, dont la teinte est presque plate, laisse échapper obliquement des rayons parallèles d'une nuance plus pâle et traversés par la lumière qui vient caresser les contours de nuages blancs et cotonneux, à l'angle opposé de la toile.

Le N° 123 (S*-O-1) *Un ruisseau près de Glénic,* est, suivant notre humble avis, un des bijoux de de l'exposition. Le ruisseau brise à travers un lit de cailloux sa nappe mousseuse. A droite, une étroite pelouse court le long de la rive, et sert de piédestal à une masse rocheuse et grisâtre dont les arêtes dégradées forment une foule de petits ressauts et de cavités que se disputent l'ombre et la lumière. Du côté gauche, les bords du ruisseau sont boisés et offrent une succession de plans extrêmement gracieux et coquets.

Nous recommandons au premier plan, une roche

mousseuse couverte de végétation parasite, et au-
dessous un petit rocher qui nous semblent touchés
d'une adorable façon.

M. Bentabole est en possession d'une véritable
notoriété comme peintre de marine. Ce qui nous
fait dire que son exposition de cette année, — N° 23
(S** E.-2) —est quelque peu au dessous de la réputation attachée au nom de l'artiste.

Comment caractériser cette *Vue prise à St-Malo?*

On ne peut pas dire que ce soit de la peinture
large, et ce n'est pas non plus bien fort, ni bien dé-
licat, comme touche. Une seule chose nous plait infiniment dans cette marine, et par parenthèse la
marine proprement dite n'a rien à y voir —, c'est
la façade des vieilles maisons qui s'élèvent sur les
rochers mêmes de la grève et bravent depuis des
siècles l'assaut des vagues furieuses.

L'artiste s'est ingénié à rendre les défauts de
la maçonnerie, et les fentes et les aspérités et les
cassures de la pierre, et jusqu'à cette merveilleuse
nuance de mosaïque romaine, amalgame de rouille
et d'iode, que l'action du temps, et les émanations
salines impriment sur les repaires des vieux loups
de l'Océan.

L'abreuvoir en Afrique de M. Huguet, — N° 185
(S-O-3),— est encore un feuillet détaché de l'inépuisable album de la nature orientale.

Au pied d'un mamelon grisâtre, tantôt couvert de
gazon fané et tantôt piqueté de touffes d'herbe
roussie, dort l'eau du réservoir qu'abrite une

maçonnerie grossière. Le double arceau en briques, dont la couleur rouge perce sous l'enduit, s'ouvre béant aux chevaux altérés. On les voit tendre avidement leur cou jusqu'au niveau abaissé de la source et y boire à longs traits, tandis que le chameau plus prudent ne s'abreuve qu'à la mare, d'eau tamisée par l'air et le soleil. La pose des chevaux est excellente ; tous les détails , en un mot, sont traités avec un sentiment vrai qui se traduit par des qualités précieuses : tons chauds, coloris harmonieux, touche grasse et délicate.

La toile N° 175 (S.-E.-3), appartient eu musée de la ville, c'est un don de l'Empereur.

Le livret contient une légende explicative ainsi conçue : *Ain Kerma* (source au figuier). Smala de Tiaret en Algérie.

Ce motif, empreint de beaucoup d'originalité et d'une vraie poésie orientale, porte la marque d'une exécution large et brillante. M. Guillaumet a du style, de l'ampleur ; et, en même temps, tous les artifices de la composition lui sont familiers. Présent de la même fée qui fut marraine des Diaz, des Decamps, des Delacroix, sa palette est comme un miroir magique qui reflète l'Orient. Nous ne disons là rien de trop : si nous en croyons nos pressentiments , M. Guillaumet est un peintre de l'avenir, et notre musée sera fier un jour de posséder, grâce à la munificence impériale, un des bons tableaux de sa première manière.

Donnons un aperçu du sujet :

Dans une sorte de bassin carré, creusé en plate-
forme au revers d'un côteau, jaillit la source d'Aïn
Kerma, ainsi nommée d'un grand figuier d'Afriqu
qui y baigne ses pieds et ne lui donne en retou,
qu'un ombrage flottant et parcimonieusement mesuré.
Des murs de soutènement, aux parois tâchetées comme
des plaques de marbre jaune, encadrent le plateau
et le bassin, où l'eau se déverse, à mesure qu'elle
coule au pied du mur qui la retient captive.

Une femme arabe se tient debout, à gauche, drapée dans les plis de son costume blanc, que le reflet
des branches du bananier, zèbre de larges tâche_s
d'ombre d'un gris pâle. Le torse adossé au mur,
elle atteint avec l'extrémité de sa main gauche la
bouche de l'alcarazza, et son bras se courbe avec
grâce sur les flancs rebondis de la cruche, tandis que
son avant-bras droit, mollement appuyé sur le bord
de la maçonnerie, retombe à moitié, dans une attitude
digne de la Rebecca biblique.

Aux pieds du bananier une mauresque, debout
entre deux tiges qui forment un angle aigu vers le
ciel, appuyant sa main sur l'une d'elles, avance
curieusement le haut du corps et pose sans le savoir
comme une statue antique. Le reste des figures est
à l'avenant.

Une troupe de ces petits ânes d'Afrique au pelage
fauve, à la tête marquée d'une large raie blanche,
débouche à l'instant par un sentier sur la plate-forme;
et le long de ce même sentier qui suit la crête du

monticule, s'en retourne un chamelier sur sa bête, détachant sa forme blanchâtre sur l'azur du ciel.

Tout cela est d'une belle et chaude couleur orientale. C'est étincelant, et c'est frais comme une oasis.

M. Lasnyer a exposé une *Matinée de septembre à Douarnenez* (Finistère), No 203 (S.-N.-5), tableau médaillé au salon de 1865 et admis à l'exposition universelle de 1867.

M. Lasnyer, élève de MM. Courbet et Harpignies, nous promet un grand paysagiste ; et c'est à ce titre que nous aurions été heureux de voir le musée de la ville s'enrichir de son œuvre, qu'on se disputera peut-être un jour à force d'or, comme les premières toiles des Cabat, des Rousseau, des Troyon, des Corot.

Ce n'est pas toutefois que la censure et l'admiration ne réclament leur part dans l'analyse critique du tableau de M. Lasnyer ; mais enfin, en dépit de tout, c'est de l'avis à peu près unanime, une page véritablement magistrale.

L'ensemble de la composition dénote un pinceau amoureux de style et de poésie. Le premier plan est traité avec une richesse de tons, une vérité de détails qu'aucune description ne saurait rendre.

Une fontaine surmontée d'un petit monument celtique épanche ses eaux dans la clairière en sens contraire du fond. Le cours légèrement sinueux du ruisseau est marqué par un passage aux bords renflés et capitonnés de mousse , par un large filet que la végétation aquatique nuance d'un vert plus vif.

Un bouquet de futaie, dont l'empâtement est malheureusement trop plaqué, borne la clairière à gauche. Les pieds des arbres se confondent avec la lisière, garnie d'arbustes et d'admirables mousses brunes ; la forme du massif est pittoresque, mais l'air manque. Ici la main de l'artiste a tremblé.... c'est encore et toujours la paille du diamant.

La perspective se développe dans un lointain profond et avec une harmonieuse grandeur. A travers les longues perches nues, éparses au second et au troisième plan de la clairière, on aperçoit un lac teinté d'opale et au fond la ligne indécise des montagnes.

On peut le dire sans flatterie , M. Galos est justement l'orgueil de la patrie béarnaise, l'étoile de notre ciel artistique.

Ce sera notre *Calame* ou notre *Diday* le jour où il abordera franchement les grands motifs pyrénéens. Quand nous comparons M. Galos aux peintres de l'Oberland dont nous avons vu plus d'une fois les œuvres au musée de Genève, nous n'entendons pas dire par là que leur manière soit notre idéal, nous voulons seulement faire allusion à l'école qu'ils ont fondée pour la représentation spéciale de la nature alpestre et à l'importance de leurs travaux. Mais, à ne point cacher notre sentiment, ces grandes toiles, bien que relevées à propos par des motifs imposants, n'en sont pas moins un peu froides et vides.

Notre compatriote qui possède, avec du style, la science des détails et le sentiment de la couleur méridionale saurait à coup sûr éviter cet écueil, tout en élargissant son cadre.

Rien de plus harmonieux et de plus délicatement touché que le *Pont d'Idron*, n° 151 (S**-N-1). On dirait un tableau de l'école flamande.

En avant du pont, l'une des rives se déprime, tandis que l'autre s'élève en talus dont la base est garnie de rochers étudiés avec un fini remarquable Un manteau de plantes grimpantes couvre le parapet et voile le sommet de l'arche d'une draperie de lianes.

L'artiste a mis sa fantaisie dans cette vache qui beugle, en se dirigeant vers la ferme, et dans la délicieuse perspective que forme le fond de la vallée.

Un clocher et des arbres marquent les points du thalweg qui serpente et disparaît peu à peu derrière la double crête des montagnes lointaines.

Les Montagnes des Eaux-Bonnes. — N° 152 (S**-O-2) — représentent l'entrée d'une de nos gorges pelées, ravinées, anfractueuses, s'ouvrant entre deux masses rocheuses à base de terre de Sienne.

A droite, un versant boisé : en bas des chênes trapus, aux têtes rondes comme des chênes-liéges, et plus haut, un massif résineux dont les tiges verticillées s'étagent sur un versant rapide au-dessus d'un sentier qui pénètre dans la forêt.

A gauche, sur l'autre rive, une lisière de chênes pleins d'ombre et de fraîcheur, encadre la base d'un versant à pic. L'étranglement du vallon dessiné avec

tous ses détails aussi loin que le permet la perspective ; des effets d'ombre portée sur le lit du
torrent, rendus avec un art infini et répercutés pour
ainsi dire d'un versant à l'autre ; un premier plan,
bien étoffé, bien travaillé, garni de mousses, de bois
mort, et de petits îlots de terre nue, dans le courant :
telles sont les beautés que révèle tout d'abord l'analyse. Ce qui lui échappe, c'est le sentiment général,
c'est le style, c'est en quelque sorte, la signature
mystérieuse, indéchiffrable de toute véritable indivi-
dualité artistique.

Le n° 153, *Un chemin creux à Billère*, — (S⁺⁺-E-1)
— est un petit paysage d'automne.

Une femme assise sur un tronc, près du talus ;
tandis que ses poules picorent sous les feuilles sè-
ches ; des arbres jaunis et habillés, d'un bout de
lierre pour égayer la tristesse du paysage : voilà
tout le motif, mais l'artiste a su en tirer un merveilleux parti.

M. Ducluzel, un autre peintre béarnais, a exposé
une *Vue prise près de Laruns*, — N° 132 (S⁺-1-2).
Il y a d'excellentes choses dans cette toile, qui gagnerait beaucoup si le premier plan était plus saillant,
plus vigoureux.

M. de Groseilliez est l'auteur des *Bords de la
Creuse*, — n° 165 (S-O-2), — une de ces compositions qui manquent de caractère, bien qu'elles n'ac-
cusent aucun défaut sensible. — Cette impression
vague est le critérium assez ordinaire d'une touche

efféminée, d'une esquisse lâche et d'un talent sans virilité.

Un peintre qui ne mérite pas ce reproche, c'est M. Guillaume. Ses teintes en grisaille plaquées au couteau ont un relief saisissant.

L'artiste excelle à rendre ces plateaux désolés, ces versants anfractueux que le génie de la solitude semble avoir peuplés de ses dolmens. Il sait brunir leurs flancs de tâches noires, et aussi les revêtir parfois d'une végétation d'un vert tendre qui fait le plus heureux contraste. — Il plante dans le sentier pierreux des silhouettes mouchetées comme la peau d'un léopard, ou les confond avec les cavités pleines d'ombres du rocher, ou les couche au bord de la conque naturelle pour y puiser à même l'eau du ciel. Soit qu'il entasse les blocs, soit qu'il indique l'échancrure du ravin, soit qu'il campe les brigands calabrais dans les défilés des Abruzzes, M. Guillaume est toujours original, imposant. Ces grandes qualités se retrouvent dans les motifs Nos 176 (S.-N. 4) et 177 (S. 2. E. 2).

Qui ne serait curieux de visiter l'Egypte et qui ne s'est cru une fois dans sa vie transporté en songe dans une des rues du Caire ? M. Mouchot a fait de ce rêve une réalité.

Au bout de l'étroite enfilade des hautes maisons bariolées, voici le minaret de la mosquée qui se rétrécit et semble porter un turban de distance en distance ; voici les moucharabys en saillie à chaque étage, et le chamelier qui s'arrête, pour marchander du haut de sa monture, à l'étalage qu'abrite un auvent de toile ; voici , en un mot, toute la civilisation des Osmanlis, vue par un petit bout de la lorgnette.— Ce tableau , — n° 247 (S.-O 2), — est chaud de couleur , pittoresque, animé, vivant : on dirait un Decamps.

M. Rosier, nous adresse, chaque année, des toiles où son talent de paysagiste s'affirme sous des formes diverses.

Son n° 295 (S.-N. 2) est un joli effet de nuit qu'il intitule : *Hollande , Clair de lune*; nous le décrirons en quelques mots :

Un moulin de forme et de couleur fantastiques, au premier plan ; l'eau du canal gauffrée en quelque sorte par la réfraction des rayons de la lune, et dans chaque alvéole une lamelle d'argent et d'or ; enfin, des lumières de loin en loin aux fenêtres des habitations : le tout dans un magnifique clair obscur.

Le n° 297 (S.-N. 4), *Vue sur le lac d'eau douce à Tunis*, est tout différent du précédent. Ce sont des tons blancs et roses et d'une fraîcheur délicieuse. La maison est de celles qu'on bâtit en imagination. Une cépée touffue et chargée de fruits d'or, germe adventice excru sur la terre des fondations, rafraîchit perpétuellement ses racines dans l'eau du lac limpide, comme un cristal de roche. Derrière un store, sur la terrasse qu'ombrage un grand arbre, on aperçoit et l'on envie les possesseurs de cette féérique demeure.

Voici, presque la fin de notre revue, encore

une des perles de l'écrin , *Un pâturage par un temps de pluie*, par M. Wotz, — n° 351. (S-N-2).

Le motif est pourtant bien simple : une mare bordée de touffes d'herbe et entourée de talus dégazonnés ; un troupeau de vaches qui y descend pour s'y abreuver ; une surtout marquée de taches noires qu'aurait voulu peindre Troyon ou Rosa Bonheur ; un joli groupe de maisons sur une éminence, et à droite, un petit chemin qui se prolonge en serpentant dans la lande. La touche grasse de cette toile et des tons d'une vigoureuse sobriété, cela joint au mérite de l'esquisse, justifient amplement nos éloges.

M. Saal a exposé deux tableaux dont les motifs sont empruntés à des latitudes bien différentes : *Un étang à Chamounix*, — N° 308 (S.-E.-3), et *Une nuit d'hiver en Laponie*, — N° 309 (S.-S.-1).

A notre avis, si le peintre avait su varier par des rochers, ou d'autres accessoires, cette teinte d'un vert tendre que revêt uniformément la nature printanière, son étang serait une admirable chose. — Quelles jolies feuilles rondes et quelles fleurs blanches de nénuphars il fait flotter sur l'eau ! Quels joncs luxuriants de sève il courbe dans l'anse du rivage ! Quels jolis hérons blancs et bleus il pose sur la végétation aquatique, mordillant, avec leur long bec, les tiges des plantes marécageuses !

La scène du n° 309 représente un effet de neige.

La nuit a un éclat d'aurore boréale ; partout la terre blanche et glacée, sous un ciel parsemé d'étoiles. — Le renne attelé au traîneau est mort ; et l'homme debout, la tête cachée dans sa fourrure, médite avec un sentiment de tristesse profonde sur le sort qui l'attend.

Ce motif est d'un effet neuf. Malheureusement la touche est un peu sèche et la couleur trop monotone, deux inconvénients qu'il était assez malaisé d'éviter, étant donné le sujet.

M. Kuwaseg a un procédé à lui, ou du moins assez peu commun, pour exprimer les rides de l'eau captive dans les canaux ou dans les ports : il trace, comme autant de stries, un système de sillons parallèles et y dépose un reflet, par exemple, une teinte mordorée comme dans sa *Vue du Port de la Tamise*, — n° 192 (S.-N.-2), — qui représente un soleil couchant. De longues écharpes d'or et de pourpre rayent l'occident, et le bassin du fleuve, fuyant sous un ciel qui semble noirci par la fumée des usines, développe dans la perspective la ligne du quai, peuplée de maisons et de monuments.

Les deux vues du *Grand Canal de Venise*, — Nos 193 (S-E-1) et 194 (S O-2), — se distinguent par l'abondance des détails, par un coloris brillant et par le chic de l'artiste, pour éclairer l'eau de reflets divers ; mais, à part ces silhouettes de gondoliers posés comme des zéphyrs au gouvernail, nous cherchons vainement une parcelle de couleur locale dans ces toiles.

Nous préférons dans ce genre la *Vue du Palais des Doges*, de M. Rosier, n° 294 (S-N-2). L'archi-

tecture du vieux palais est mieux détaillée. On se
rend plus facilement compte du style architectural.
Le double rang d'arcades superposées, à ogive et à
trèfles ; les colonnes de marbre, les dalles du quai , la
courbe du bassin, le ciel d'Italie : nous reconnais-
sons tout celà avec moins d'effort que dans les tableaux de M. Kuwasseg.

Bien que notre gerbe soit assez fournie nous pour-
rions glaner ça et là quelques motifs qui ne sont ni
sans intérêt ni sans mérite ; entr'autres : *Un marché
à Abbeville*, nº 254, de M. Jules Noël , (S.-O.-4) , qui
offre à tous de charmants détails et à l'archéologue une
belle collection de maisons moyen-âge, aux façades
historiées ; *Une vue à Beauvais*, nº 340 (S.-S.-3), de
M. Van-Elven, où l'on remarque un pignon sur place,
curieux spécimen de l'architecture du VIIIᵉ siècle ; *Les
ramasseurs de moules* de M. Veyrassat, nº 347 (S.-S.-1)
où l'auteur a mis sa couleur chaude, sa touche
grasse et sa signature, en un mot, dans un sujet
réduit à sa plus simple expression ; une *Vue prise
à St-Raphaël*, de M. Guichard, où le peintre a su
reproduire dans un harmonieux ensemble les flots
bleus de la Méditerranée, ses falaises nues, oxidées
et calcaires, et les premiers contreforts de ces montagnes que couvrent d'immenses pineraies.

Le peu de temps qui nous sépare de la clôture
de l'exposition rendrait notre tâche difficile si les
dernières catégories avaient l'importance des premières.

Heureusement que la section des portraits est

absente , des portraits à l'huile surtout, — et que nous avons pu déjà nous permettre sans trop d'inconvénient de brûler cette *station*. Nous mentionnerons cependant, pour l'acquit de notre conscience , le portrait par M. Sans , de M. Massey, bienfaiteur de la ville de Tarbes , dont l'expression est bien rendue par l'artiste , et reflète les vertus de ce digne et excellent citoyen. Nous parlons un peu plus loin d'un portrait peint par M. Dartiguenave.

Une autre cause simplifiera encore notre tâche et réduira le cadre qui nous reste à remplir, c'est notre goût médiocre pour les Natures mortes, qui n'ont à nos yeux de raison d'être qu'autant qu'elles sortent tout-à-fait du commun.

On nous permettra donc de glisser plus légèrement sur cette partie de notre analyse , et groupant ensemble nos 5e, 6e et 7e catégories, d'en faire rapidement l'objet d'une revue collective.

V.

Natures mortes. — Aquarelles. — Pastels. — Photographies. — Dessins en général.

Le nom de St-Jean est celui d'un grand spécialiste de fleurs et rappelle un chef d'œuvre du genre, *La Vierge aux Roses*.

M. St-Jean, fils, tend à perpétuer cette dynastie *qui régna jadis sans partage sur l'empire de Flore*. Il nous régale cette année d'un panier de cerises anglaises, plus d'un saladier en vieux Sèvres rempli de fraisards. L'un et l'autre ont quelque chose de particulièrement appétissant, et nous voyons avec plaisir qu'ils sont toujours du goût des amateurs. Ces deux motifs figurent sous les N°ˢ 310 (S.-N.-4) et 311 (Sᵗᵉ-E.-2).

M. Claude, qui est Toulousain d'origine, nous a adressé, pour sa part, un lot aussi remarquable que varié. C'est d'abord un beau chien au poil blanc, marqué de feu, qui est en arrêt dans le marécage. Il s'avance le nez en bas, l'épine dorsale arquée, et présente parmi les joncs son flanc détaillé comme par un anatomiste. Sa tête est si parlante, ses yeux si intelligents qu'il n'est évidemment pas à sa place parmi les natures mortes.

A quelques pas du *Chien d'arrêt dans les joncs* n° 68 (S-N-4), — voici une table de « Fruits » peints avec une rare perfection : sur un tapis de moire gris-perle, des pêches et des raisins dans un panier ; des pêches encore, une grenade et deux moitiés d'une autre grenade parmi ces feuilles de vigne que rougit l'automne, puis enfin un superbe bouquet de marguerites blanches et violettes, dans un vase de vieux Sèvres : voilà certes une délicieuse exhibition. — Ce motif porte le n° 88 (S-O-3).

Le tableau n° 87 (S-N-5), *Cygne et Chevreuil*, a été exposé à Paris, l'an dernier, c'est encore une belle étude et un heureux contraste. On y pourrait noter plus d'un détail gracieux, entr'autres l'effet obtenu par le duvet du cygne, si délicatement nuancé sous son aile raidie, qui le voile d'une ombre légère.

Mme Puyroche-Wagner appartient à l'école lyonnaise, créée par St-Jean.

Son groupe de raisins dans une coupe, — n° 285 (S**-E-2), — est fait à ravir. Les grains sont dorés, transparents ; quelques-uns plus roux ont fait gercer la peau et marbrent l'épiderme de teintes foncées par l'excès de maturité. Le cep est coupé en biseau avec un peu d'écorce au bout. Une branche de rose, d'un rouge vif, cache en partie le pied de la coupe.

M. de Rudder a encore peint un très joli bouquet de fleurs où les iris, les roses, les fuchsias marient admirablement leurs nuances que relèvent des feuilles vertes, d'une grande vérité de ton.

Tout le reste ne sortant pas d'une honnête médiocreté nous le passerons sous silence.

Notre galerie est assez pauvre en aquarelles et nos hôtes anglais, qui sont un peu gâtés sous ce rapport, ont dû le remarquer plus que personne.

Un de nos meilleurs aquarellistes, M. Zô, nous a été infidèle. M. Galos n'a exposé que deux petites pochades pleines d'humour et de brio. Néanmoins, parmi les rares tableaux qui ont défrayé cette partie de l'exposition, quelques-uns sont signés de noms connus : c'est d'abord M. Lapito, un des fondateurs du paysage moderne, avec Cabat et Rousseau ; puis M. Justin Ouvrié, un de nos bons peintres de marine ; puis un tout jeune homme, M. Rudaux, qui a fait une très coquette et très galante petite chose sous le nom du *Péage* (voir n° 303. — S* N. 1.)

Il y a beaucoup de ponts sans péage, mais il n'y a guère de péage sans pont ou passerelle. Celle-ci doit figurer quelque part sur la carte du Tendre, tant elle est mignonne et fleurie. Une gracieuse bergère Pompadour veut tenter le passage ; mais il faut compter avec le maître de céans.

La redevance a beau ne pas être onéreuse pour sa bourse, la belle fait un geste pour se récrier, mais *Monseigneur* garde l'issue et s'incline avec une grâce charmante, tout en revendiquant ses droits. Watteau n'eut pas mieux fait ; c'est frais, moelleux, délicieux de pose et de couleur.

Nous ne décrirons pas les *Falaises d'Etretat* de M. Ouvrié,—n° 260 (S. *-O 1), — dans lequel tableau nous aurions à signaler de jolis détails ; ni les deux motifs exposés par M. Lapito,—n°⁸ 2C4 (S-O-2) et 205 (S-S-1),—où l'on reconnait pourtant le style du maître. Nous dirons seulement que le paysage italien de la vallée de Subiaco a un fort beau premier plan qui méritait d'être placé sous un meilleur jour ; nous ferons remarquer notamment an bastion naturel de rochers fendus, troués et surmontés d'un fourré de taillis dont l'effet nous parait magistralement rendu.

Des trois aquarelles de M. Maurice, celle que nous aimons le mieux est le n° 238 — (S.-O-1) — qui représente un village, un pont, et une barque dont la proue est déjà sous l'arche.

Mlle Marie de Lage a reçu en don l'organisation artistique la plus délicate et la plus complète ; elle aussi a été bercée sur les genoux de la féérique marraine qui murmure de bonne heure à ses enfants de prédilection les divins secrets de l'art et de l'idéal. Son *Portrait d'enfant* est bien réellement une fleur de pastel. Quelle adorable pose, quelle douceur et quel éclat velouté dans le regard ! Quelle tête charmante bouclée de petites mèches blondes ! Quelle perle, en un mot !

Ce qu'elle appelle modestement une *Etude au fusain et sanguine* est, ne vous y trompez pas, une ravissante tête de jeune femme que beaucoup pensent reconnaître. Ce profil de *beautie* est d'une pureté idéale ; ce sourire fin contient, dans le pli impercep-

tible de la lèvre, un monde de pensées et de rêveries.
Quel modelé suave !... et comme la tête est coiffée négligemment de cheveux qui bouclent avec une délicieuse abondance !....

Le n° 198 est une tête de trois quarts, non moins
gracieuse, expressive et vivante que la première. La
bouche entr'ouverte dans un gracieux sourire laisse
voir des dents perlées comme la nacre ; la chevelure
retombe en mèches soyeuses comme Mlle de Lage
sait seule les peindre.

M. de Rudder a crayonné avec beaucoup de chic
une *Tête de Bohémienne*, qui ferme les yeux en ter-
minant sa toilette de nuit. Le modelé est ferme et
bien accusé, le type bien rendu. Avec sa moue un
peu grimaçante, sa chevelure retenue par un chapelet de grains de coco, ce portrait de genre est
d'une coupe très-naturelle et plein de vie.

M. Lalanne a envoyé de son eau forte : *Vue de
Paris prise du pont de la Concorde*, une épreuve d'artiste qui fait à bon droit l'admiration des amateurs.

M. de Coutouly a une plume toujours finement
taillée... soit qu'il la trempe dans l'encre de Chine
ou dans l'encre anglaise. Nous aimons beaucoup son
élégante esquisse des *Sardinières basques*, N° 104
(S.-E.-1.)

La plus grande de ces femmes qui est debout,
coiffée pittoresquement de la manne à marée, ne
déparerait pas le carton d'un maître. La draperie
est traitée supérieurement dans l'ensemble et dans
les détails ; le modelé du torse et des jambes, la

finesse du profil, le style en un mot de la composition révèlent des qualités sérieuses et charmantes.

M. Melmacher, l'auteur de cette *Bédouine* que nous admirons tant, a croqué un fellah égyptien, un type délicieux. Le vieillard est bien drapé, ridé, accroupi, ramassé, noir de peau et coiffé d'un fez blanc. Il fume placidement un long narguilé. (Voir le n° 240. S.*-O. 1)..

Outre un portrait à l'huile du jeune S.... en costume de montagnard, qui est d'un bon coloris et d'une parfaite ressemblance, M. Dartiguenave, a exposé une *Andalouse.*— N° 113 (S. **-N.-1),— où l'artiste a mis toute la séduction des beautés sévillanes ou valenciennes : de beaux yeux, d'admirables cheveux lissés en bandeau, des mains mignonnes, une bouche de rose, un modèle fort piquant, somme toute.

M. Piquenot a eu l'heureuse idée de produire dans le petit salon quatre dessins empruntés à la nature locale. Ce sont des fusains d'une esquisse hardie, et riches de détails parfaitement éclairés.

Le n° 368, *Souvenir de Pau* (S*-S.-1), mérite une mention particulière. Un canal transformé en école de natation, une végétation planureuse sur les bords, un mur, au premier plan, débordé par des touffes épaisses de plantes grimpantes qui retombent en draperie... On voit d'ici ce charmant effet.

Par son spécimen d'esquisse au fusain, — n° 115 (S*-E.-1) — M. Delmas, d'Oloron, élève de M. l'abbé

Montaut, nous semble annoncer les plus heureuses dispositions et un vrai sentiment de la nature.

Enfin pour être juste envers tout le monde, n'oublions pas les *Vulpésiennes* de M. Sans, de Tarbes, où l'auteur a mis véritablement beaucoup d'esprit, d'originalité et de verve, avec un cachet d'humour quelque peu provincial.

VI.

Sculpture. — Vitraux. — Faïences.

Est-ce myopie de notre part, ou excès de rigueur ? L'exposition de sculpture nous paraît bien inférieure dans son ensemble, à celle que nous venons de parcourir. M. Megret est le seul pour qui nous fassions une exception... très-formelle par exemple.

Nous avons déjà parlé du magnifique buste de Cobden. Dans un autre genre *La Fille du poète* (n° 371) est une œuvre charmante, finement ciselée et d'une adorable expression. La statuette de *Concordia* en marbre blanc est encore un morceau remarquable. La tête romaine a un caractère sévère ; les bras et les mains sont d'un galbe très-pur ; la draperie tombe magistralement. Pourtant, nous ne sommes qu'enthousiaste à demi de la carrure de virago et des formes plantureuses de cette déesse. Un peu plus de *modernité* eut été bien venue, ce nous semble même dans un pareil sujet. La coiffure y eut gagné tout d'abord assurément.

Les deux bronzes de Mercure et de Sosie N° 373, ont beaucoup de cachet et d'originalité. Enfin, les portraits, en bronze de l'amiral Hamelin, et en marbre de Mme M.... font aussi beaucoup d'honneur à M. Megret.

Le taureau en bronze de M. Navatel dit Vidal (Nᵒ 375) est bien charpenté, bien modelé ; la flexion du cou est parfaitement rendue. La tête seule ne nous paraît pas assez complètement étudiée et finie.

Les deux terres cuites de M. Lanson, l'*Agriculture*, (Nᵒ 362), et l'*Amour s'apprêtant à lancer ses flèches*, (Nᵒ 363), ont été distinguées avec justice.

Il y a du travail et une velléité de composition dans le *Repos de la Chasse*, (Nᵒ 367), terre cuite, de M. Masson ; mais c'est à peu près tout.

M. de St-Angel a exposé trois vaches en bronze, (Nᵒˢ 378, 379 et 380). La dernière est sans contredit la meilleure. La torsion du cou, les plis du fanon, et le modelé du corps portent la marque d'un excellent travail et d'une heureuse facilité.

Il nous reste à peine un peu d'espace pour une phrase incidente et flatteuse à propos des vitraux de M. Dagrand (Nᵒˢ 106, 107 et 108), qui sont d'un riche coloris et dont la composition par son harmonieuse ordonnance, décèle une âme d'artiste. Encore un mot élogieux pour le *Rubens* et le *Van-Dick*, peints sur verre par M. Maumejean.

Nous quitterons enfin ce Salon qui n'offrira bientôt plus que des parois froides, dépouillées du prestige poétique qu'y avaient déposé à l'envi une pléiade d'artistes de tous les pays et de toutes les écoles, — et nous nous arrêterons un instant sur le palier pour considérer les belles verrjères de M. Maumejean.

Le premier vitrail, celui de droite, représente l'*Ange du châtiment* et l'*Ange des Récompenses*; l'autre le *Christ chez les Pharisiens.*

Les deux anges, ministres de la volonté du Très-Haut, ont bien le caractère qui leur convient respectivement : le premier a la physionomie sévère, il est armé du glaive de la justice ; l'autre, plein de mansuétude, tient dans sa main la couronne qui doit être placée sur la tête des élus.

La seconde composition n'est pas moins remarquable.

La tête du Christ est fort belle; les figures des Pharisiens portent, sous des traits divers, l'empreinte uniforme de l'astuce et de la fourberie. La tête de la femme nous semble un peu moins bien réussie.

Le coloris de M. Maumejean est, du reste, sobre et harmonieux.

Notre tâche est finie. — En franchissant le dernier degré, nous saluerons une dernière fois encore le buste de Cobden et nous lui dirons de nous ramener l'an prochain, cette brillante colonie étrangère qu'il a vue passer sous ses yeux, cette famille cosmopolite qui est la sienne....

Mais lui-même sera-t-il encore à la même place?...

Tirage de la Loterie de 1868.

Tableaux.

AUTEURS. MM.	Nᵒˢ	DÉSIGNATION DES SUJETS.	GAGNANTS. MM.
Accard.	1	*Le Ruban.*	Pᶜᵉ Wolkonski
Boudin.	39	*L'heure du Bain.*	duc de Pastrana
César de Cock.	90	*Le Moulin* (Paysage).	Genreau.
de Coninck.	95	*Hymne à la Madone.*	E. Manescau.
de Coutouly.	104	*Les Sardinières Basques*	Larroze neveu.
Kuwasseg.	194	*Bords de la Tamise.*	Adoue.
Lebel.	209	*Enfant Italien.*	G. Lévy.
Metzmacher.	239	*Femme Bédouine.*	P.-J. Viguerie.
Mouchot.	247	*Rue au Caire.*	Lamotte-d'Incamps
Justin Ouvrié.	259	*Montorgueil* (Jersey).	Loupot.
Ponthus-Cinier	272	*Le Reversmont* (Paysage)	H. Thouard.
Puyroche-Wagner.	280	*Fruits et Fleurs.*	Fab. Larrouy.
A. Rosier.	295	*Vue de Hollande* (Marine)	G. d'Auribeau.
Van-Elven.	341	*Harlen*, clair de lune.	Basterrèche.

Sculptures.

Lanson.	363	*L'Amour* (terre cuite).	Chevreux.
Mégret.	373	*Mercure et Sosie* (bronze)	Caron.
Vidal.	375	*Taureau* (bronze).	Poeyarré.
Fischer.	»	*Grand Plat artistique* (faïence).	F. Gérard.

Gravures.

Nᵒˢ D'ORD.	DÉSIGNATION.	GAGNANTS. MM.
1	*Le Mur de Salomon.*	Londy.
2	*Cathédrale de Chartres (3 feuilles).*	Mme Paturle.
3	*Cathédrale de Chartres (5 feuilles).*	P. Rivarès.
4	*L'Amour Fraternel.*	Boala.
5	*Villageoise romaine.*	Lèbre fils.
6	*La Robe de Joseph.*	Tallard.
7	*La Cinquantaine.*	Roy.
8	*Songe de Béthowen.*	Paturle.
9	*Suzanne au Bain.*	Brunton.
10	Dᵒ	Durand.
11	*La Veille des Noces.*	Hadingues.
12	*Le Baptême.*	Du Pont.
13	*L'Escamoteur.*	du Rostu.
14	*Faust et Marguerite.*	Boscary père.
15	*Le Christ à la colonne.*	Cogombles.
16	Dᵒ.	duc de Pastrana
17	*Corinne.*	Dʳ Daran.
18	Dᵒ	Sempé père.
19	*Idylle.*	Londy.
20	*La Vierge de Lorette.*	de Cherisey.
21	*Daphnis et Chloé.*	Ducluzel.
22	*Thétis.*	J. de Lestapis.
23	*Triomphe de Galathée.*	Dʳ Cazenave père
24	*Les Bohémiens.*	Lespy.
25	*La Ronde de Nuit.*	Mme Sallé.
26	*La Bataille de l'Alma.*	de Castarède.
27	*L'Embarquement pour Cythère.*	Cᵗᵉ Aguado.
28	D.ᵒ D.ᵒ	Chandless.
29	*Portrait d'après Raphaël.*	Lafollye.
30	D.ᵒ	Church.
31	*Portrait de Van-Dyck.*	Loustau.
32	D.ᵒ	de Rivaux père

PAU. — IMPRIMERIE DE É. VIGNANCOUR.